안전한 일터가 되는 길

# 안전경영
# 실천 GUIDE

안전한 일터가 되는 길
# 안전경영 실천 GUIDE

**발 행 일**  2024년 12월 16일 초판 1쇄 발행
**지 은 이**  엄영하
**발 행 인**  김병석
**기     획**  진한규
**지     원**  김두일, 이정훈, 박은희, 최은서
**편     집**  노지호
**발 행 처**  한국표준협회미디어
**출 판 등 록**  2004년 12월 23일 (제2009-26호)
**주     소**  서울시 강남구 테헤란로 69길 5, 3층(삼성동)
**전     화**  02-6240-4890
**팩     스**  02-6240-4949
**홈 페 이 지**  www.ksam.co.kr

ISBN  979-11-6010-075-4-03320
**정가 18,000원**

엄영하 지음

안전한 일터가 되는 길 ——

# 안전경영
# 실천
# GUIDE

KSAM

# 목차

# 보다 안전한 일터를 꿈꾸며

과학과 기술의 발전으로 우리의 생활은 더욱 편리해지고 있습니다. 4차 산업혁명의 꽃이라고 할 수 있는 스마트폰을 비롯하여 각종 혁신적인 제품들이 우리의 삶 속에 널리 자리 잡아 이제는 일상 자체가 되었습니다.

이렇듯 우리의 삶을 편리하고 윤택하게 하는 혁신의 산물들은 여러 관련 산업계의 기업들과 그 기업들을 움직이는 임직원들이 노력한 결과입니다. 소비자들은 더 새롭고 더 다양한 기능의 제품을 요구하고 있으며 그 기대에 부응하기 위해 업계의 혁신 또한 이에 발맞춰 더욱 더 첨예하게 진화하고 있습니다.

소비자의 다양한 욕구를 만족시키기 위하여 부품은 작아지면서 기능이 더욱 향상되고 기존보다 대형 용량을 구현하기 위한 기술이 개발되면서 제조 방법도 진화와 발전을 거듭하고 있습니다. 우리의 제조업이 단순 조립 수준에 머물렀던 1960~1980년대와 비교하면 실로 눈부신 변화가 아닐 수 없습니다. 그러나 이 첨단 소재와 부품의 생산을 위해서는 대규모의 설비와 장치 그리고 많은 화학약품을 사용해야 합니다. 게다가 날로 까다로워지는 고객의 요구에 부응하느라 갈수록 독성이 강해지고 있습니다.

이러한 이유로 많은 기업들이 중후장대重厚長大한 설비와 강한 유독물질을 취급하고 투입하는 과정에 많은 주의를 기울이고 있으나 여전히 어려움을 겪고 있으며 아직도 빈번한 사고가 발생하고 있는 것이 현실입니다.

과거 당사도 안전 관리 측면에서 모범적인 회사와는 거리가 멀었습니다. 생산 현장에서 위험한 화학약품을 취급하고 있으면서도 관리체계가 제대로 확립되지 않았으며, 몇몇 숙련 직원의 경험에 의존하는 실정이다 보니 사건 사고들이 끊이지 않고 있었습니다. 이처럼 위험이 도사리고 있는 현장은 언제 사고가 터질지 모르는 불안감으로 늘 마음이 편하지 못했습니다.

이를 해결하기 위해 "요행에만 의존하여 회사를 경영할 수는 없다"는 생각으로 삼성의 토대 위에 '도레이식 안전활동'의 강점을 접목하여 안전 시스템과 프로세스의 대폭적인 개선과 의식의 혁신을 추진함으로써 당사만의 안전활동과 문화를 만들어 왔습니다. 이렇게 개선하고 혁신한 결과 당사의 안전은 꽤 높은 수준으로 담보되어 사고발생의 가능성을 통계적으로 줄일 수 있었습니다. 이러한 것들이 높이 평가받아 현재는 주변 회사와 기관으로부터 안전활동에 있어서 많은 벤치마킹 요청을 받고 있습니다.

안전한 사업장을 어떻게 만들어 가야할 지 고민하는 기업의 리더들에게 당사의 사례를 참조하여 도입한다면 안전활동에 대한 기본적인 이해와 시스템과 프로세스를 만들어 가는데 도움이 될 것으로 생각합니다.

그렇다고 당사가 완벽한 무사고 기업이라는 것은 아닙니다. 아무리 시스템과 프로세스를 갖추고 또 활발한 안전 의식제고 활동을 한다고 해도 제조환경(사람과 설비 등)은 늘 끊임없이 변하기 때문에 언제라도 사고는 발생할 수 있습니다. 당사에서도 수 건의 사고가 발생했으며 이때마다 근본원인과 대책을 통한 재발방지는 물론 의식제고를 위한 활동을 전개해 왔습니다. 이 책에서는 사고가 발생했을 때 어떻게 원인을 찾고 대책을 만들어 재발이 되지 않고 더 단단한 회사를 만들어 갔는지 설명하고 있으며, 이를 통해 중요한 교훈을 얻을 수 있을 것으로 생각합니다.

이 책은 이론이 아닌 한 회사에서 안전을 담보하기 위하여 활동한 사례를 통해 어떻게 조직과 시스템과 프로세스를 만드는지, 어떻게 활동해야 하는지를 느끼도록 하고자 했습니다. 따라서 각 기업에서 접목하기 쉬운 안전문화 실천가이드가 되기를 희망하며 안전한 일터 만들기에 도움이 될 것을 기대합니다.

끝으로, 혹 책으로 다 설명이 되지 못했거나 필요한 사항이 있으면 언제라도 열린 마음으로 의견을 드릴 것을 밝힙니다.

2024년 11월 엄영하

이 책은 이론이 아닌 한 회사에서 안전을 담보하기 위하여
활동한 사례를 통해 어떻게 조직과 시스템과 프로세스를 만드는지,
어떻게 활동해야 하는지를 느끼도록 하고자 했습니다.
따라서 각 기업에서 접목하기 쉬운 안전문화 실천가이드가 되기를
희망하며 안전한 일터 만들기에 도움이 될 것을 기대합니다.

## 안전은 지속가능경영과
## 기업 성장의 첫번째 조건이다

모든 조직 구성원의 행복한 일터를 만들기 위해 가장 핵심이 되는 것은 안전에 대한
TOP의 의지이다. 어떠한 경우라도 반드시 구성원의 안전을 지키겠다는 TOP의 결연한
의지가 시스템과 프로세스 안전 활동으로 관철될 때 비로소 조직의 안전 문화가 만들어
지며 이 문화는 회사의 경쟁력으로 승화되어 더 큰 성장의 바탕이 된다.

Chapter

# 1

# 안전경영

과거에 안전을 경영에서 분리하여 생각했다면
이제는 안전을 경영에서 분리하는 발상은 있을 수 없다.
오히려 기업이 안전을 분리하여 생각하는 것이 아니라
'기업 경쟁력의 원천으로 생각하고 성장을 위한 한 몸'이라고
생각하는 것이 필요하다.

## 01

# 안전이란 무엇인가?

　우리나라가 자원이 부족한 나라임에도 불구하고 짧은 기간에 오늘날 세계 무역 10위의 자랑스러운 국가로 성장하게 된 것은 우리가 치열하게 살아온 결과일 것이다. 이 성장의 이면에는 많은 기업들의 역할이 크다는 것을 우리는 인지하고 있다.

　기업의 입장에서 보면 스피드한 기술개발과 생산, 판매 등 총성 없는 싸움이 매일 같이 진행되고 있는 상황에서, 제조라는 관점에서 보면 기업도 단순조립 방식에서 기술의 발전과 니즈에 의해 현장은 중후장대한 설비장치와 다양한 약품을 취급하면서 생산이 이루어지고 있는 것을 알 수 있다.

　실로 괄목할 만한 업적이지만 80년대 단순조립의 시대에서 기계장치와 화학약품이 주를 이루는 산업구조로 변하다 보니 현장에서 일하는 많은 근로자들이 사고의 위험에 더 많이 노출되고 또 실제 산업재해가 발생되고 있는 것이 현실이다.

제조산업 위주의 성장을 주도하는 정책이 우리나라를 경제대국으로 만들어 왔음은 부연할 필요가 없으나 그 과정에서 발생하는 재해를 예방하면서 기업을 경영하는 방법은 없는 것일까? 무역 규모가 커질수록 근로자가 안전하지 못한 나라가 되어야 하는 것일까? 다른 선진국과 비교하면 여실히 높은 산업재해와 재해율을 개선하여 모든 근로자가 즐거운 마음으로 행복한 일터로 가고 웃으면서 보금자리로 돌아가기 위해서 우리는 어떻게 하면 무재해가 담보되는 일터를 만들어 갈 수 있는지를 필자는 이 책에서 다루고자 한다.

먼저 이 책의 주제어이고 반복해서 언급할 핵심어인 '안전'의 의미가 무엇이고 우리는 왜 안전을 추구해야 하는지 대부분 알고 있는 내용이겠지만 다시 한 번 생각해 보기로 하자.

'안전安全'이란 단어는 '安편안할 안'자와 '全온전·완전할 전'자가 합쳐서 이루어진 말로 사전에서는 '위험하거나 사고가 날 염려가 없는 상태'라고 정의한다. 여기서 '安'자가 품고 있는 확장적 의미를 더 살펴보면 '좋다', '즐겁다'는 뜻이 포함돼 있다. 그러므로 편안하다는 것은 사람이면 누구나 바라는 좋은 것이고 그런 상태에서 우리는 즐거움행복을 느낀다는 뜻으로 새겨볼 수 있다.

'全'자 또한 온전완전하다는 뜻 외에 '모두', '전체'라는 확장된 의미를 포함하고 있는데, 어떤 상태가 온전완전하다는 것은 당연히 그 상태의 범주에 들어있는 대상 모두, 즉 전체가 다 그러해야 한다는 뜻으로 새겨볼 수 있다.

이렇게 '안전'이란 말이 지닌 연관된 의미들을 살피다 보니 사전에서 왜 '위험하거나 사고가 날 염려가 없는 상태'라고 정의했는지를 짐작할 수 있다. 그렇다. 안전이란 '위험한 상태'가 아닌 것이며, '사고의 위험'이 없는 상태를 말하는 것이다.

이렇게 안전이라는 말의 의미를 되돌아본 후 우리의 현실에 대입해 보면 어떨까? 과학과 기술의 발전에 따라 현대 문명사회의 기반이 되고 있는 여러 형태의 산업과 경제 시스템은 점점 고도화, 다양화되고 있으며 그에 따라 사회구조 또한 날로 복잡해지고 있다.

이러한 고도화, 다양화 그리고 이로 인한 복잡성은 예측 불가능성을 높이면서 재해 발생의 리스크Risk, 위험는 점점 커지고 있다. 또 모든 구성인자들이 유기적으로 얽혀 작동하는 현대사회에서 사고가 발생하면 그 당사자가 입는 인적·물적 피해는 물론 그의 가족, 그가 속한 조직, 나아가 국가적 손실로 이어지기 때문에 심각한 사회적 문제로까지 대두되고 있다.

2020년 OECD 자료를 보면 대한민국은 근로자 10만명 당 산업재해 사망자 수가 세계 4위를 차지하여 선진국보다 높음을 알 수 있으며, 2015년부터 2020년까지의 경우 사망자는 연평균 약 2,000명, 경제적 손실은 20조원이 넘는다고 한다. 2020년 4월 이천 물류창고 화재사고, 2024년 6월 화성 배터리 화재사고 등을 목도하면서 왜 유사한 사고가 끊임없이 재발하는가? 우리는 이러한 중대사고를 정말 예방할 수 없는 것인가? 하는 질문을 던지지 않을 수 없다.

우리는 누구나 사고의 위험이 없는 세상에서 즐겁게 살고 싶다. 아침에 가족에게 손 흔들며 출근하고, 안전한 일터에서 열심히 일하고 퇴근한 후에는 가족과 웃으며 재회하여 행복하게 살고 싶다.

이러한 우리의 소박한 바람 속에 깃들어 있는 안전이란 의미가 얼마나 소중한 것인지 새삼 되새기게 된다.

# 지속가능경영의 핵심

## 국가와 기업 성장의 원동력

오늘날 글로벌화된 경제구조에서 기업이 차지하는 비중은 가히 절대적이라 해도 과언이 아니다. 국가의 경제를 떠받치는 산업 발전의 견인차로써 소비자가 요구하는 다양한 제품을 생산하고 새로운 기술을 개발하며 수많은 고용을 창출한다.

각 기업이 생산하는 제품은 유통망을 따라 직접 소비자, 또 다른 연관 기업들에 공급되고 수출을 통해 더 넓은 영역으로 뻗어 나간다. 이 과정에서 거두는 이윤은 해당 기업 자체의 성장을 위해 재투자되거나 주주와 임직원들에게 분배돼 결국 사회 전체를 윤택하게 한다.

그러므로 건전한 기업 활동은 국민의 생활 안정과 국가의 부를 가져오는 원동력인 것이다. 이렇게 중요한 역할을 하는 기업이 안전하지 않으면 어떻게 될 것인가? 기업은 제품을 생산하여 이윤을 창출하는 경제적 조직체이지만 거기에 몸담고 생산과 이윤 창출 활동을 펼치는 임직원들의 삶의 터전이기도 하다.

이들이 안전하지 않다면 어떻게 기업 활동을 온전하게 영위할 수 있겠는가? 실제로 사고가 발생하면 당사자와 가족의 불행은 물론이고 회사도 많은 힘과 시간을 소모하게 되어 기업 성장의 발목을 잡게 되는 일이 발생하게 된다. 오늘날 기업마다 안전의 중요성을 더욱 강조해야 하는 이유이다.

따라서 기업들도 무재해를 위한 관리에 보다 많은 노력과 투자를 하고 있다. 기술의 변화와 고객의 니즈에 맞도록 과거 단순조립 위주에서 복잡한 설비와 화학약품을 사용하는 제조환경으로 변화함에 따라 이에 맞게 근로환경을 개선하고 있으며 사고를 예방하기 위한 다양한 활동을 전개하고 있다. 그러나 기업들의 이러한 노력에도 불구하고 정부의 산업재해로 인한 사망사고 통계 데이터를 보면 지금도 매년 2,000명이 넘는 사망사고를 기록하고 있다. 이처럼 전체 재해율이 꾸준하게 증가하고 있는 것을 보면 아직 많이 부족한 기업의 안전관리에 대한 현 위치와 수준을 느끼게 한다.

특히 2021년 고용노동부 통계를 보면 중소기업의 고용률이 80.9%로 고용의 대부분은 대기업보다 중소기업이 떠받치고 있는 모습이다. 대기업도 재해가 여전히 발생하는 상황인데 그보다 여건이 좋지 않은 중소기업의 안전관리 실태는 더욱 열악하거나 심각할 것이라는 것을 쉽게 짐작할 수 있을 것이다.

우리 사회가 지금까지 큰 폭의 성장과 발전을 해온 이면에는 안전관리 측면에서 산업 사각지대의 희생자들이 있어 왔고, 이러한 모습은 오늘날에도 지속되고 있다. 정부는 국가적으로 보다 안전한 사회를 만들기 위하여 중대재해처벌법, 화학물질관리법, 화학물질등록 및 평가 등에 관한 법률 등을 제정하여 엄격하게 관리하고 있으나 사망사고는 오히려 증가하고 있다는 데이터를 접하게 되니 많은 노력을 들여서 입법하고 시행하는 정책들이 반쪽짜리가 되고 있는 듯하여 안타깝다.

손뼉도 마주쳐야 소리가 나는 법! 정부의 정책이 강화되는 만큼 법이 아닌 제도적인 지원을 강화해야 하고 상대적으로 기업도 경영에 있어 안전에 대한 인식에 변화를 주어야 한다고 생각한다. 앞으로는 성장의 개념에서 더 많은 재해예방 관리의 개념이 포함되어야 한다. 과거에 안전을 경영에서 분리하여 생각했다면 이제는 안전을 경영에서 분리하는 발상은 있을 수 없다. 오히려 기업이 안전을 분리하여 생각하는 것이 아니라 '기업 경쟁력의 원천이자 성장을 위한 한 몸'이라고 생각하는 것이 필요하다.

지금도 많은 기업들이 제품의 생산 실적을 늘리고 기술을 개발하는 데는 열심이면서도 안전은 우선이 아닌 후순위 투자 대상으로 미루고 있다는 느낌이 없지 않다. 그리고 안전에 대한 투자 여력이 부족한 중소기업들의 사정이 더 열악하다는 점까지 감안하면 여전히 많은 기업들이 적절한 관리체계를 갖추지 못하고 사고의 리스크에 노출되어 있다고 보는 것이 현실적일 것이다.

왜 이런 모습에서 벗어나지 못하는 것일까? 법만 강화되면 알아서 좋아질 것으로 기대하는 것은 아닐까? 비유가 적절할지 모르겠지만 낯선 환경인 군대에 신병이 입대를 하면 하나부터 열까지 필요한 모든 내용을 교본과 동료, 상사로부터 배워간다. 시간이 걸리지만 이러한 교육과 반복되는 훈련을 통해 보초도 서고 본연의 전투력도 향상된다. 누가 입대를 하더라도 이러한 훈련을 통해 기본적인 전투능력을 배양해 간다. 그 결과 군 생활을 안전하게 할 수 있고 나라도 안전해 진다. 기업의 안전관리도 같다고 생각한다. 누구나 안전해야 한다는 것을 인식하지만 당장 급한 것이 개발이고 생산이다 보니IT는 스피드가 요구된다 당장 급한 것부터 할 수밖에 없게 된다. 그래서 안전은 말로만 하게 되고 스스로 지켜야 하는데 제대로 배운 것이 없으니 뒷전이 되기도 한다. 결국 재해가 발생한 후에 후회하게 되는데, 이러한 모습을 바꾸기 위해서는 군대에서 신병을 교육시키듯 시스템적으로 지원할 수 있으면 좋을 것이다.

그러나 이것이 말처럼 쉽게 될 수 없는 것이 그 많은 크고 작은 기업들에게 안전 체계를 하나하나 만들어줄 수도 없고, 책임 소재도 불분명하게 되어 현실적으로 어렵다. 결국은 법의 테두리 속에서 기업들 스스로 무사고, 무재해를 위한 관리체계를 만들어가야 하는데 교본도 없고 가르침을 받는 것도 수월하지 않다.

안전하게 기업을 경영하기 싫은 사람이 어디 있을까? 모든 기업인들은 안전하게 경영하고 싶은 것이 다 같은 마음일 것이다. 그런데 어떻게 해야 안전을 담보할 수 있는지를 알지 못한다면 정부의 제도와 법만 강화된다고 해서 안전한 기업, 안전한 사회가 만들어 질 수 있을까? 오히려 법의 강화로 인해 사고가 발생했을 때 은폐하기 쉬운 풍조가 만들어지는 것은 아닐까?

줄탁동시啐啄同時란 말이 있다. 알이 부화가 되는 시기가 되면 어미 새가 알을 쪼아 새끼가 쉽게 나올 수 있도록 해주는 것을 이르는 말이다. 법만 가지고 우리의 문제를 풀 수는 없다. 법이 강화되는 그 이상으로 가르쳐 주어야 한다. 이러한 순기능이 작동하지 못하면 우리 사회가 안전하게 되는 길은 요원하게 될 것이다. 이에 대한 실용성 있는 대책이 필요하다고 필자는 주장하고 싶다.

## 지속가능경영의 첫째는 안전이다

오늘날 지속가능경영을 논할 때 흔히 '경영은 리스크 관리'라는 말을 하곤 한다. 경영의 리스크 요인은 많다. 생산, 기술개발, 마케팅, 인재개발 등에서부터 기업의 도덕적, 사회적 책임까지 경영의 모든 부문에 걸쳐 가시적이든 또는 비가시적이든 리스크 요인을 효율적으로 관리하는 것이 지속성장의 관건이라는 의미이다. 어느 것 하나 중요하지 않은 것이 없겠지만 이 많은 리스크 요인의 핵심 중에 하나가 바로 '안전에 관한 재해 리스크 관리'라고 생각한다.

앞서 필자는 '안전경영 관리를 기업 경쟁력의 원천이자 성장을 위한 한 몸'이라고 생각하는 것이 필요하다고 했는데, 재해 리스크를 줄이는 것을 최우선 과제로 삼고 관리하는 기업이야말로 한층 성장을 위한 동력을 만들어 갈 수 있는 기업이라고 생각하기 때문에 진정한 지속가능경영을 추구하는 핵심인자 중의 하나라고 생각한다.

기업에서 사고가 발생하면 단순히 사고처리 매뉴얼만으로 수습되지 않는다. 제일 먼저 사고 당사자와 직간접으로 관련된 사원들이 불안한 상태에 놓이고 이는 생산, 개발, 영업 등 기업 고유의 기능을 불안하게 만든다. 이 불안한 상태는 결국 경영 실적의 저하로 이어지며 임직원들의 사기를 떨어뜨린다. 즉 사고가 발생하지 않는 무재해 기업을 만드는 것이야말로 지속가능한 기업에 이르는 가장 빠른 길임을 알 수 있다. 그러므로 기업을 튼튼하게 유지·발전시키는 최고의 수단은 그 기업에 맞는 체계적인 관리시스템을 세워 적절한 프로세스로 실행을 강화하는 것이라 할 수 있다.

'작전에 실패한 지휘관은 용서할 수 있어도 경계에 실패한 지휘관은 용서할 수 없다'는 말이 있다. 작전은 곧 전장에서의 싸움이다. 이를 기업 경영에 비유하자면 전장은 시장市場이 될 것이고 전투는 품질, 기술, 판매 등의 경쟁이 될 것이다. 그리고 경계警戒 : 잘못되는 일이 일어나지 않도록 미리 조심에 해당하는 말이 '무재해 관리'라고 해석하면 무리한 해석일까?

무한경쟁 시대인 오늘날, 오직 1등만 살아남는 냉혹한 현실 속에서 생존하고 더 성장하기 위하여 필요한 것은 리스크를 줄이는 것이다. 경영자는 그러기 위해서 내부 경쟁력의 원천이 되는 경계에 해당하는 기업의 관리를 제대로 올바르게 해야 진정 강한 기업으로 성장하는 동력이 된다는 것을 인식하고 경영을 해야 한다.

그렇다! 기업에서 이 경계에 해당하는 재해예방 관리를 올바르게 이해하고 의식을 제고한다면 대기업이든 중소기업이든 지속성장을 보장할 수 있는 길이 된다. 다시 말해서 안전을 담보하게 되는 것이며 기업 경영의 근간을 지키는 기본 조건이 만들어지는 것이다.

## 재해예방에 있어서 99%는 있을 수 없다

필자도 많은 시행착오를 거치면서 회사를 경영해 왔다. 특히 당사는 유해화학물질인 여러 종류의 화학약품을 사용해 제품을 생산하는 회사인 만큼 현장은 늘 위험에 노출돼 있고 사원들도 항상 긴장 속에서 일하고 있다. 당연히 법적 기준에 따른 준수와 기본적인 안전관리 체계가 있고, 설립 후부터 쌓아온 사내 경험지식과 노하우가 풍부하다.

그러던 중 2013년 봄, 제조현장 검사설비의 무거운 도어₁를 해체하는 작업을 하던 한 사원이 아래로 떨어지는 도어에 손가락이 끼어 골절상을 입는 사고가 발생했다. 처음에는 그리 심각한 재해가 아니라고 여겼고 오히려 늘 신경 쓰던 화학물질 관련 사고가 아니어서 다행이라고 생각했다. 하지만 5Why 분석을 통해 왜 이런 터무니없는 사고가 발생했는가를 찬찬히 따져 보니 대수롭지 않게 여기고 넘길 수 없는 여러 문제점들이 드러났다. 이 작업을 할 때 작업자, 관리자 모두 도어의 무게나 크기, 작업방법 등에 대해 표준을 가지고 있지 않았으며, 위험하다는 인식도 없이 작업하고 있었다는 것을 인지하게 되었고 이 상황을 방치할 경우 더 큰 사고가 재발할 것이라는 생각이 번쩍 들었다.

이후 관련된 룰과 실행 프로세스를 세밀히 점검해 보완하고 작업자에 대한 관련 교육을 강화했다.

그럼에도 불구하고 2년 후, 이번에는 정말 발생해서는 안될 염소가스 누출 사고가 일어났다. 사용한 약품을 사외로 반출하는 폐액처리 과정에서 발생한 염소가스가 외부 공기를 급기하는 주변통로를 통해 작업실 내로 유입되어 현장 작업자가 대피하는 소동이 벌어졌고, 몇 명의 사원은 병원에서 검사도 받았다. 화학물질의 유출은 사회적으로 워낙 예민한 문제이다 보니 이를 눈치챈 기자들이 취재에 나섰고 관계기관의 조사가 뒤따랐다. 확실한 초동 대응으로 인명피해는 없었으나, 사고 그 자체보다 사고로 인해 확대 재생산된 외부의 관심이 진정되기까지 회사는 업무가 마비될 정도로 곤란을 겪어야 했다.

안전의 책임자로서 나름의 관리체계가 작동되고 있다고 생각했다. 그러나 이 사고를 계기로 안전관리에 대한 인식 자체를 바꾸기로 했다. 품질관리에는 '99%'란 말이 통하지만 안전은 오직 무사고인 100%만을 요구한다. 지금까지 잘 해왔어도 재해는 그 어떤 예기치 못한 1%상징적으로 1%라고 표현한다의 빈틈으로 인해 늘 발생될 수 있다는 생각으로 그에 상응하는 관리조직과 시스템, 프로세스와 의식제고가 되도록 활동하는 것이 중요하다는 인식을 다시 하는 계기가 되었다.

『모든 회사의 안전관리는 이 상징적인 1%에 해당하는 것이 무엇인가를 정의하고 찾아내어 개선하는 것이며, 이것이 사고 발생의 리스크를 줄이는 지름길이자 모든 개선 활동의 핵심이다.』

당사도 기존의 안전관리에 관한 모든 것을 점검해 1%에 해당할 수 있는 숨어 있는 위험요소들을 지속적으로 찾는 활동을 전개하고 개선해 왔으며, 매뉴얼에 없는 부분은 새로 만들어 추가해 왔다. 또한 생산성 향상과 신제품 개발 투자 못지않게 수년에 걸쳐 안전에 관한 투자를 아끼지 않았으며, 늘 임직원이 평소에 안전의식을 올릴 수 있도록 하기 위하여 다양한 활동을 전개하여 무재해 조직문화 활성화 및 정착에 전원 참여하도록 하고 있다.

자만은 금물이지만 과거에는 회사에서나 집에서나 재해 발생을 염려해서 잠을 이루지 못할 정도였다면 지금은 그보다는 나아졌다고 생각한다. 그렇다고 사고가 발생하지 않는 것은 아니겠지만 그래도 한치 앞이 보이지 않는 낭떠러지의 안개 속을 걷는 상황에서 한

걸음 나와서 우리가 가는 길을 확실히 알게 되지 않았을까?

현재의 수준이 되기까지 오랜 시간이 걸렸다는 것을 생각하면, 지금도 대한민국의 수많은 기업 리더들의 많은 고민과 어려움을 이해할 수 있다.

## 앞서간 기업의 길을 벤치마킹하자

오늘날 기업 경영은 나날이 심해지는 시장 경쟁과 더불어 국내의 경영 환경은 갈수록 큰 어려움을 겪고 있다. 이에 더해 부단히 이어지는 혁신적인 제품들의 탄생과 공격적인 신생기업들의 출현도 기존의 토대를 위협한다. 여기에 2022년 1월 시행된 중대재해처벌법은 전례 없이 강력하다.

상시근로자 500인 이상의 기업에서 중대재해가 발생하면 안전조치 의무 이행 여부를 따져 회사 CEO책임자가 처벌받을 수 있게 했는데, 이 법은 시행 3년이 지나 현재 50인 미만의 사업장까지 확대되어 적용되고 있다. 이런 숨가쁜 변화의 물결 속에서 기업 경영은 실로 험난한 여정이 아닐 수 없다.

그럼에도 불구하고 기업은 존속해야 하고 지속적으로 발전해야 꾸준히 일자리가 창출되어 국가 경제와 국민의 삶이 안정된다. 앞에서 언급했듯이 현대 산업과 사회가 고도화, 복잡화, 다양화 될수록 사고의 위험도 증가한다. 안정된 삶을 누리기 위해 지속적으로 일해야 하는데 그럴수록 사고가 증가하는 불안 요소를 안고 가야 하다니, 참으로 모순이 아닐 수 없다. 하지만 우리는 반드시 이 문제를 극복해야 더 성장해 나아갈 수가 있다.

이런 과정에서 어떻게 사고를 줄이고 안전한 일터를 만들 수 있을까? 먼저 완벽한 관리 시스템을 하루 아침에 만들 수도 없고, 안전 관리 체계가 있다고 해도 효율적인 방법을 찾기는 쉽지 않다. 또한 재해예방 활동을 나름대로 한다고 했음에도 불구하고 어느 날 사고가 발생하면 모든 것이 잘못되고 있는 것은 아닌지 회의가 들고 도대체 올바른 방법과 방향을 모르겠다는 등의 의문이 들면서 안전 관리가 더욱 어렵게 느껴진다. 이와 같이 안전에 대한 기본 매뉴얼 만으로는 찾아내기 쉽지 않은 1%의 사각지대가 존재한다. 재해예방에 많은 투자를 하는 기업들도 그러할 것인데 재정 형편상 품질개선과 기술개발에 투자하기에도 바쁜 기업들의 사정은 더욱 난감할 것이다. 이 난해한 문제를 어떻게 풀어야 할까?

오래 전에 《넛지Nudge》라는 책을 읽은 적이 있다. 긍정적인 효과를 유도한다는 의미인데 바둑이나 장기에도 '훈수 구단'이라는 말이 있듯 불확실성이 높은 일을 하거나 방향에 대한 혼선이 있을 때 누군가가 '당신들은 이렇게 하면 된다'라고 해답을 제시해 주면 얼마나 좋을까! 하지만 그런 해답을 제시할 사람은 많지 않다. 또한 외부전문가의 이론적인 컨설팅을 받는다고 시원한 해법이 되지 않는다. 이는 필자가 여러 차례의 사고를 겪으면서 주위의 조언을 듣고 원인을 찾아 개선하기를 거듭하고도 또 다시 유사한 사고를 당한 경험이 말해준다. 안전 관련 업무야말로 알면 알수록 복잡하고 힘든 일이다. 이럴 때 넛지 효과를 만들어 내는 책이 있다면 얼마나 좋을까! 그 넛지 효과를 기대하는 것이 이 책의 출간 목적이다.

지금도 많은 기업들이 필자와 같은 문제로 고민하고 있고 무엇을 어떻게 하면 좋을지 몰라 하는 CEO나 리더들에게 먼저 잘하고 있는 기업을 대상으로 조직과 시스템, 활동을 벤치마킹 하는 것을 제안하고 싶다.

충분한 투자 여력과 전문성을 갖춘 기업뿐만 아니라 안전관리에 관심이 있으나 어떻게 하면 효율적인 시스템을 구축할 수 있을까를 고민하는 기업들에게 여기에 소개하는 조직과 시스템, 프로세스 활동 등을 참고하여 접목<sub>벤치마킹</sub>해 가기를 권한다.

당사를 벤치마킹 한다고 해서 사고가 100% 예방된다고 하기는 어렵지만, 이 책에서 소개하는 시스템과 프로세스를 접목하는 것만으로도 사고 예방에 유의미한 효과로 이어져 점진적으로 재해가 줄어들고 구성원이 행복한 일터가 될 것으로 자신한다.

# 안전한 일터 만들기 개념

## 사람 중심의 활동 전개

불안전한 행동과 불안전한 상태를 안전한 것으로 바꾸는 것이 사람이다.

조직과 시스템을 갖추었다고 사고를 예방할 수 있는 것이 아니다. 사고는 그야말로 예기치 않게 발생한다. 하지만 어떤 사고의 표면적인 현상만을 보지 말고 본질적인 원인을 좀 더 세밀하게 들여다보면 모든 사고는 불안전한 상태와 행동에서 발생하므로 문제 해결의 실마리가 보인다.

모든 기업의 현장은 모두 불안전한 상태라고 보면 좋다. 불안전한 상태에서 현장이 움직이는 매 순간이 불안한 행동의 연속이라면 결국은 사고가 발생하는 현장이 될 것이다. 따라서 현장에서의 불안전한 행동과 불안전한 상태를 안전한 것으로 바꾸는 것이 중요하다.

관련 교과서도 '심각한 인적·물적 손실을 가져오는 사고는 전혀 예측 불가능하거나 피할 수 없는 게 아니다. 그 원인을 찾아 물리적 환경을 재정비하거나 적절한 사람에 대한 교육·훈련을 통해 막을 수 있다'고 밝히고 있다.

하지만 이것이 간단한 것 같지만, 현실은 녹록지 않았다. 모든 타 업무에 대비해 보면 그 범위가 넓고 깊었지만 불안전한 상태를 찾고 개선하는 활동을 하나씩 지속적으로 전개하고 과감한 투자를 진행하면서, 사고 예방에 필요한 안전의식 개혁을 위해 교육훈련과 전사적인 의식제고 프로그램을 도입하여 꾸준히 전개해 나갔다. 비록 오랜 시간이 걸렸지만 결론적으로 당사에 맞는 안전관리 시스템과 프로세스를 구축할 수 있었다.

이제는 TOP에서부터 사원에 이르기까지 전원이 참여하는 전사적 안전기반 경영관리 체계로써 관련 회의체계를 비롯해 각 생산 현장과 부대설비의 유지·보수는 물론 시스템을 갖추고 활동하고 있다.

당사의 안전관리 조직과 시스템 활동이 만들어지고 정착되는 데까지 시간이 오래 걸렸지만 그것의 핵심은 안전을 경영의 한 덩어리로 인식하고 안전을 모든 것에 우선하도록 하는 의지와 실행력이고, 이 의지와 실행력을 위해서는 사람이 중요하다는 것을 강조하고 싶다.

아무리 좋은 조직과 시스템을 갖추고 많은 장비를 구축했다고 해서 무재해 사업장이 되는 것은 아니다. 현대 산업사회의 가장 큰 특징은 모든 것이 빠른 속도로 변한다는 것이다. 어제까지 새로웠던 것이 내일이면 낡은 것이 되고, 어느 날 갑자기 예기치 못한 문제가 발생하고 해결을 요구하는 급격한 변화의 물결 속에서 움직이고 있는 것이 현대의 산업사회이다.

이런 상황에서 지속적으로 안전을 지켜 나가는 것은 결코 쉬운 일이 아니며, 다양한 변화 속에 안전을 지키기 위한 주체는 당연히 사람이 되어야 하고 올바르게 육성되어야 한다. 또한 사람은 그 시스템의 혜택을 누리는 대상인 동시에 그것을 관리하고 개선해야 할 당사자 곧 조직의 구성원들이다. 이들에게 요구되는 것은 시스템을 효율적으로 관리하고 운영하는 능력과 그 시스템이 항구적인 유기체로 살아 움직이게 하는 힘, 즉 스스로 안전을 지키도록 하는 구성원 한 사람, 한 사람의 의지가 활성화되도록 하는 힘이다.

안전을 스스로 지키겠다는 구성원 각자의 의지가 확고하면 시스템이 겉돌지 않고 그 조직의 안전을 지키는 든든한 조력자로서 제 기능을 하게 된다. 최고경영자의 안전에 대한 의지와 구성원의 의지가 단단히 결합하여 조화를 이루고 시스템이 잘 작동될 때 안전이 온전하게 담보된다. 이 수준을 필자는 '안전문화가 정착된 상태'라고 생각한다.

이런 단계까지 이르기 위해서는 결코 물리적인 시스템에 대한 투자만으로는 안된다. '나의 안전은 스스로 지키고 동료의 안전은 내가, 부하의 안전은 상사가 책임진다'는 의식으로 전원참여 활동이 되도록 해야 한다. 즉 경영진부터 안전에 대한 의식이 투철해야 하고 그 의식이 전 사원에게 전파될 수 있는 소통의 기반이 조성되어야 한다.『원활한 소통을 위해서는 시스템과 프로세스를 통한 운영, 그리고 교육과 홍보 활동 등의 적절한 활동이 필요하며, 사람이 주체가 되는 온전한 안전문화를 이루는 것이야말로 기업의 모든 구성원들이 스스로 행복해지는 동시에 기업이 지속성장하고 발전하는 조건인 것이다.』

## 출근부터 퇴근까지 안전활동

앞에서 안전의 의미와 기업에서 안전관리의 중요성과 어떤 의지와 자세마인드가 필요한지를 설명하였다. 이제 회사의 안전관리에 대한 소개에 앞서 우리는 어떠한 개념을 가지고 회사에서 관련 조직과 문화를 만들어 왔는지 약술하기로 한다. 필자는 당사가 안전관리에 대해 구축해 온 개념이 모든 기업에서 필요할 것으로 생각한다.

먼저 우리는 '안전하다'는 상태에 대해서는 앞서 한자를 풀어가며 논한 바가 있지만 완벽한 안전이라는 것은 없다고 생각한다. 우리가 집이나 직장에서 매일같이 반복하고 있는 행동들은 사실 수많은 사고의 가능성에 노출되어 있기 때문에 안전이란 본질적으로 보장된 것이 아니고 우리 주변에는 존재하는 모든 것들이 위험요인일 수 있으며 우리가 행동하는 모든 일들은 사고 발생의 리스크를 안고 있다고 생각하는 것이 바람직하다.

그리고 우리 주변의 모든 사고재해는 불안전한 상태와 행동에서 발생한다는 사실을 인지해야 하며, 지극히 단순하지만 앞으로 우리가 안전을 담보하기 위한 핵심이 된다.

불안전한 상태로 존재하던 것이 사고를 유발하고 또 불안전한 행동이 사고를 키운다. 따라서 우리는 이런 불안전한 상태와 행동이라는 관점에서 안전한 일터를 담보하는 방법을 만들어 왔다. 당사에도 안전관리 부서가 있지만 비효율적이고 형식적인 활동을 하던 시기가 있었다. 많은 사람이 모이는 곳이다 보니 크고 작은 사고들이 이어지고 있었고, 이들의 본질 규명보다는 사안이 더 커지지 않도록 하는데 힘을 들였던 시기가 있었다. 그러다가 사고를 계기로 요행으로 안전을 담보할 수 있는 것이 아니라는 판단으로 본질을 규명하는 새로운 안전활동 개념을 만들어 갔다.

우선 회사의 규모가 크지 않음에도 불구하고 안전을 기획하는 곳과 실행하는 부문을 나누어 역할과 책임을 명확하게 했다. 또 현장 곳곳에 관련 활동이 전파될 수 있도록 부서마다 안전전담자 또는 담당자를 두고 어떻게 어떤 일을 해야 하는지 일과 활동에 맞는 시스템과 활동 프로세스를 재설계하였다.

이렇게 조직과 시스템, 프로세스가 만들어진 기업의 일상을 생각해 보자. 먼저 집에서 회사로 출근하고안전하게 오는 방법 이후에 자신들의 컨디션을 확인하는 절차안전하게 일을 할 수 있는 상태가 되어 있는지가 필요할 것이다. 이것이 되어 있다고 하면 전임자 또는 지난 일의 연장선에서 안전하게 일을 하는 안전작업표준서기준, 지도서 등에 의거 안전하게 행동하면 된다. 이렇게 안전하게 행동한 결과가 그날의 실적생산 등의 실적이 된다. 이후 안전하게 귀가하면 되는 심플하면서도 개념관리가 쉬운 기준을 정해서 안전을 담보하도록 했다.

그러나 이렇게 간단하게 표현하였지만 실제는 출근부터 퇴근까지의 시간 축으로 보면 많은 일들이 진행되면서 안전에 관련된 리스크가 있는 상황들이 발생하게 되어 많은 사건사고들이 발생한다. 다시 말해, 시간 축을 기준으로 발생하는 일들의 안전을 담보하기 위하여 담당 조직이 필요하고 운용 시스템과 사고예방 활동이 필요하게 된다고 보면 좋겠다.

우리는 먼저 안전한 출근과 퇴근을 위한 일을 추진해 왔다. 출근하는 시점부터 접촉사고가 발생하는 등 시작부터 쉽지 않았지만, 출퇴근 안전에 대해 꾸준히 안전활동을 추진한 결과, 사고의 위험을 줄일 수 있었다.

다음으로 안전하게 출근했다면 일을 하기 전에 먼저 확인해야 하는 것이 개개인의 건강상태일 것이다. 개인적인 일이든 가족의 일이든 정신적으로 힘이 들면 업무에 집중이 어려운 것이 인간이다. 하물며 건강상태는 더욱 그러할 것이고 실제 몸이 아프다면 자신의 업무에 얼마나 집중할 수 있을까? 온전히 집중하지 못하면 사고로 이어질 수 있는 것이 설비장치나 약품을 사용하는 현장 업무의 어러움일 것이다. 사고가 발생하면 근로자는 물론이고 관리, 책임자 및 사회적으로 큰 문제를 야기하게 된다. 따라서 안전한 상태<sub>신체적, 정신적 건강</sub>에서 일을 할 수 있도록 하는 방안이 필요하다고 생각한다.

그래서 우리는 건강상태체크시스템<sub>Chapter5에서 기술</sub>을 만들었다. 실제 회사에서는 컨디션이 안 좋은 상태에서 근무하다가 사고로 이어질 뻔한 적이 있었다. 같은 문제가 반복되면 실제 사고로 이어질 가능성이 점점 더 커질 것이다. 따라서 이러한 문제를 관리할 수 있는 방안을 마련하는 것이 필요하다고 생각했고 출근하면 먼저 자신의 건강을 확인하고 스스로 입력할 수 있는 시스템을 만들도록 했다.

우선 본인의 상태를 스스로 파악하여 컨디션을 입력하면 조장·반장이 현장 투입 전에 면담을 거쳐 건강상태에 맞는 업무를 조정하도록 하는 방안을 도입하였고 현재는 인력관리에 좋은 시스템으로 정착되어 활용하고 있다. 본인들도 컨디션에 따라 근무를 조정할 수 있어 좋고, 회사도 개인의 컨디션에 따른 사고를 예방할 수 있게 되어 좋은 제도가 되었다.

이제 건강상태까지 확인하고 나면 본격적인 업무가 시작된다. 앞서 여러 번 언급한 적이 있지만 모든 사고<sub>재해</sub>는 불안전한 상태와 행동의 결합에서 발생한다. 그렇다면 이 많은 인력과 현장의 불안전한 상태와 행동을 어떻게 제어할 수 있는지가 중요하게 된다.

이것을 제어하기 위한 방안으로 당사에서 실시하고 있는 안전활동을 소개하면 다음과 같다.

**정기적인 소통회의를 실시한다.**

TOP의 의지를 보여주기 위하여 우리는 매월 초 가장 먼저 안전회의를 진행한다. 매출과 손익 중심의 경영회의 보다도 더 중요하게 생각한다는 것을 CEO부터 보여주기 위한 활동으로 안전회의를 시작으로 한달을 시작하도록 하고 있다.

안전을 우선한다는 것이 말처럼 쉬운 것이 아니다. 모든 것이 생산과 판매가 우선이 되는 경우가 허다하다. 따라서 제도적인 프로세스가 안전을 우선하는 방식으로 만들어져야 한다. 그래서 전사 안전회의도 매월 초 가장 먼저 진행하고 연간 날짜를 정해서 전원이 참석하도록 하고 있다.

CEO가 참석하는 모든 공식 전사 회의는 안전 관련 사항<sub>한달 동안 진행</sub>된 일을 먼저 보고하고, 본회의에 들어가도록 하고 있다. 특히 당사는 경영에서 그룹단위의 업무활동이 가장 중요하다고 판단하고 있어 그룹단위의 업무보고에는 반드시 한달 동안 진행한 안전 관련 업무를 선행하여 공유<sub>안전의식제고 활동과 개선내용 등</sub>하고, 해당 부분의 업무에 대해 토의한다. 연구소, 제품개발, 생산, 기술, 공장지원 등 모든 부서는 같은 형태의 운영체계로 진행하여 안전을 최우선으로 하고 있다는 경영진의 의지를 보여주는 것이라고 생각한다.

그리고 안전그룹과 인사그룹은 별도로 월 1회 CEO 주관 안전회의를 운영하여 전사적인 이슈 위주의 활동과 현황을 공유하고 전달함으로써 안전활동이 지속적으로 전개되도록 하고 있다.

**모든 일은 안전작업표준서로 운영한다.**

안전작업표준서는 제조현장만이 아니라 제조를 지원하는 모든 작업을 하는 부서의 업무에 적용한다. 그리고 노사 간의 가장 큰 협력의 방안은 함께 안전작업의 표준을 만들어가는 것이라고 생각한다. 통상 제조를 하는 회사라고 한다면 일일 목표가 수립되고 그날의 목표에 대한 결과를 관리한다. 그러나 필자는 관점을 달리하여 안전하게 행동한 결과가 그날의 실적이 되도록 관리해 보면 어떨까 생각했다. 그래서 안전작업표준서라는 개념을 고안하게 되었다.

직장은 어느 개인의 점유공간이 아니고 노사가 함께 상생의 미래를 만들어 가는 공간이다.

그리고 회사는 안전을 위하여 많은 인력과 자원을 투입하여 안전이 보장된 상태에서 생산을 하려고 해도, 어느 일방의 노력이 아닌 노사가 협력하여 전사적으로 안전의식을 올려가는 것이 중요하다. 특히 안전의식을 올리기 위한 것으로 기준 정립과 그 기준을 지키는 것이 중요한데, 이 기준 중에 작업표준서를 안전이란 관점에서 업데이트하여 보다 안전이 담보되는 작업 기준을 만드는 것과 이렇게 만들어진 작업 기준을 지키는 일들을 함께 해야 한다.

작업을 하는 방법을 기술記述하고 만드는 것은 기술적인 관점이 큰데 안전이 담보되는 안전작업 프로세스의 추가가 반드시 필요하다.

통상 우리는 작업표준서를 엔지니어가 만들고 결재를 받아 작업자에게 사용하도록 한다. 작업자는 이 표준서를 읽고 보기는 하지만 여기에는 안전이란 관점에서의 작업 내용이 없기 때문에 반쪽짜리 작업표준서가 된다. 일반적으로 안전은 선배 사원들에게 배우는 것이 전부이다 보니 현장에서의 지도서는 무용지물이 되는 경우가 허다하다.

필자는 이 작업표준서를 안전이라는 관점에서 보완하도록 하고 이 작업표준을 반드시 지키도록 하는 방안이 필요하다고 생각했다. 당사는 1년 반 이상의 시간을 들여 이러한 안전작업표준서를 만들도록 했고, 작업표준서를 가지고 경진대회를 실시하고 있다. 즉 작업의 기술적인 내용과 현장의 안전이라는 관점에서 만들어진 것을 경진대회를 통해 발표하고 직접 시연함으로써 "우리가 만든 작업표준서는 우리 스스로 지킨다"는 이미지를 확고히 하여 안전한 현장을 만들어 갈 수 있다는 것이다. 다시 말하지만 '안전하게 행동한 결과가 그날의 실적이 된다'는 개념을 만들어가는 것이 현장 관리의 핵심이 되어야 한다.

## 불안전한 리스크를 찾아 개선을 지속한다.

이렇게 안전하게 행동을 하여도 여전히 현장은 불안전한 상태였다. 따라서 각자가 작업이 진행되는 현장의 불안전한 리스크를 찾아 개선하는 활동이 필요하다고 판단되어 안전분임조와 안전제안제도를 운영하여 자신이 일하는 공간의 불안전한 상태와 행동을 지속적으로 찾아 개선하는 활동을 하도록 했다.

앞서 언급한 불안전한 상태를 제거하여 안전한 상태로 만들어 두는 것과 불안전한 행동을 하지 않는 것이 답이 된다. 다시 말해,

불안전한 상태를 제거하여 안전한 상태로 만들어 두는 것이 현장개선 활동의 핵심이다. 그리고 개개인이 불안전한 행동을 하지 않도록 하는 방법이 안전활동의 핵심이다. 이러한 두 개념불안전한 상태와 불안전한 행동을 안전하게 만들어 가는 것이 안전을 담보하는 길이다.

그런데 이 간단한 두 가지 개념의 담보가 현실적으로는 쉽지 않다는데 문제가 있다. 이를 위해 사람도 쓰고 활동도 하지만 사고는 지속된다. 왜 그럴까? 사상누각沙上樓閣이라는 말이 있다. 속이 꽉 찬 활동이 아닌 활동의 방향과 방법을 몰라 올바른 활동을 못하는 경우가 많아 사상누각처럼 시간이 지나면서 관심과 활동의 부족과 지속성을 가지지 못하고 유명무실해지기 때문이다.

그리고 무엇보다 최고책임자의 안전의식이 전 임직원의 안전의식을 올리고 유지해가는데 가장 중요한 인자라는 것으로 아무리 법이 강하고 처벌이 엄격해도 행동하는 사람들이 안전에 대한 의식이 확고하지 못하면 사고를 유발할 개연성이 높을 수밖에 없는 것이다.

**의식향상과 체질화 활동을 지속한다.**

회사의 안전활동의 슬로건을 만들어 모든 일의 시작 시에 또는 회의 시에 '안전 슬로건'을 제창하여 안전의식을 끌어 올리도록 한다. 아무리 안전활동을 잘 하고 있어도 백인백색百人百色이라고 했다. 많은 사람이 모이고 각각의 생활속에서 행동과 판단이 다르기 때문에 평소 조금이라도 안전에 대한 의식을 제고할 수 있는 방안이나 아이디어가 있다면 적극적으로 도입하여 활동할 필요가 있다.

우리는 전사적으로 슬로건을 만들어 일의 시작과 회의 시에 항상 제창하도록 함으로써 평소에 안전에 대한 의지와 각오를 다지도록 하였다. 또 안전의식이 높다고 해도 함께 일하는 사람 모두가 의식이 높은 것이 아닐 것이고 사람마다 편차가 있고 그 편차의 하위에 해당하는 사람은 사고를 유발할 개연성이 높을 것이다.

중요한 것은 인간은 로봇이 아니기 때문에 백인백색의 편차를 가지고 있다. 이 편차 속에서 안전의식이 가장 낮은 구성원의 안전까지 담보할 수 있어야 한다. 그러므로 모두가 참여하여 확고한 안전의식을 만들고, 이를 유지·향상할 수 있도록 안전관리 시스템과 실천 프로세스를 세운다면 그 1%에 해당하는 문제를 보다 쉽게 관리할 수 있게 될 것이다.

## 선순환 안전관리의 필요성

2024년 6월 발생한 화성 배터리 폭발화재로 많은 인명을 앗아간 사고를 조사한 결과 65건의 법 위반이 발견되었다고 보도된 바 있다. 뉴스를 본 많은 사람들이 안전관리 측면에서 관련 법을 지키지 못하고 회사를 경영해 온 기업에 문제가 많았다고 느꼈을 것이다. 실제 현장 직원들의 인터뷰에서는 안전과 관련된 교육도 없었고, 심지어 비상탈출구가 어디인지도 몰랐다는 내용이 충격을 주었다.

사고 결과에 대한 생각을 조금 바꾸어 잘못을 인지하고 있는 모든 회사 관련자들에게 '과거로 다시 돌아갈 수 있다면 어떻게 하면 제대로 관리할 수 있을까?'라는 질문을 한다면 아마도 '관련 배터리 사고가 발생하지 않도록 철저하게 사고를 예방관리 하겠다'는 대답을 듣게 될 것이다.

사고 발생 전에 그렇게 관리할 수만 있다면 이것이 사전에 필요한 선순환이 되는 것으로 진정 우리가 지향해야 할 길이 될 것이다. 그러나 사고가 발생한 후에 65건의 법 위반이 있었다고 이야기하는 것은 '사후약방문死後藥方文'에 지나지 않으며, 사고 후 아무리 분석해도 이미 발생한 사고는 돌이킬 수 없게 된다. 물론 사고 발생에 대한 분석도 중요하다. 그래야 동종의 사고를 예방할 수 있기 때문이고 또 그런 분석으로 유사한 사업을 하고 있는 사업장이나 공정은 타산지석의 경종의 효과도 있을 것이다.

그러나 보다 힘을 실어야 하는 것은 어떻게 하면 우리에게 필요한 안전관리의 선순환 시스템과 프로세스를 구축하고 어떻게 재해를 예방할 것인가를 고민하는 것이라고 생각한다.

이에 당사는 안전시스템조직과 역할을 구축하고, 구축한 시스템을 이용하여 안전활동 업무 프로세스를 운용하고 있다. 이러한 시스템과 프로세스는 결국 사람이 하는 것인데, 그 사람이 어떤 일을 할 때 시작과 끝을 명확히 정의하고, 그 일련의 과정에 책임과 보람을 느끼도록 하는 게 중요했다.

하루의 일이 끝나면 그날의 결과를 정리해야 한다. 일단위도, 주단위도, 월단위도 늘 정리하는 것이 필요하다. 그것이 매출이 아닌 안전 업무라 하더라도 일의 시작과 끝을 확실하게 맺어주는 것이 매우 중요하기 때문이다.

## 암묵지를 형식지로

앞서 안전작업표준서에 대한 이야기를 했지만 우리가 하는 일이 정상작업표준화된 일로 주기적으로 발생하는 경향이 있다과 비정상작업반드시 필요한 일이지만 주기적이지 않고 표준화가 안되는 경향이 크다이 반복되는 것을 알 수 있다.

이 비정상적이고 비표준화된 일들에서 대형 재해가 많이 발생한다는 것을 우리는 종종 언론에서 접하게 된다. 통상 이러한 일들은 과거의 경험으로 진행되거나 그때그때 임시적인 방편으로 진행되어 사고의 발생 가능성이 크기 때문에 이러한 작업을 효율적으로 제어하는 방법이 중요하다.

이때 필요한 것이 암묵지를 형식지화 하는 것이다. 지식에는 표준화가 되는 형식지와 경험에 의해 하고 있는 암묵지가 있는데 이런 비표준화 된 암묵지에 해당하는 경험치의 일들을 형식지로 만들어 관리 가능한 범위로 만들어 가는 것이 아주 중요하다.

우리는 이런 암묵지의 일들을 제어하기 위하여 표준을 만들기로 했으나 너무나 방대하고 일의 종류나 내용을 하나하나 표준화하는 것은 불가능했다. 그래서 카테고리별로 구분하는 것이 필요하였다. 예를 들면, 물체를 옮기는 작업의 표준, 절단하는 작업의 표준, 용접하는 작업의 표준 등 비표준화된 일을 크게 구분하고, 그 구분된 기준으로 다시 작업기준을 만들어 운용함으로써 비정상적인 암묵지 작업도 정상적인 작업으로 형식지화하여 관리범위에 넣어 갈 수 있게 되었다.

이것이 중요한 이유는 표준이 없는 상태에서 작업을 하는 것은 비유적으로 들면 갓난아이가 물가에 혼자 있는 것과 같다. 책임자 입장에서 보면 언제 사고가 발생할지 몰라 조마조마한 상황일 것이다.

우리는 재해의 통계적 확률을 줄이는 것이 대단히 중요하다고 생각한다. 비록 지금은 부족하지만 꾸준함으로 표준과 기준을 만들고 부족한 내용을 보완하면서 적용하고 앞으로 나아가야 지금보다 밝은 미래를 만들 수 있다. 그래야 안전한 회사가 만들어질 수 있다고 생각한다. 따라서 이런 비정상적인 작업을 표준화하는 활동이야 말로 보다 안전하고 행복한 일터를 만들어 갈 수 있는 지름길이라고 본다.

## 행동보다 고동考動

재해예방을 위하여 늘 우리는 안전한 행동을 강조한다. 그러나 무엇이 안전한 행동인가를 질문하면 답이 막힌다. 단지 사고를 일으키지 않는 것이 '안전행동'이라고 하면 너무나 안일한 답이 될 것이다. 안전이란 의미는 사전적으로 있고 행동이란 말도 사전적으로 존재하지만 안전행동이라는 의미는 별도로 정의하고 있기는 하나 부족하다.

당사는 안전행동이라는 말보다는 '안전고동安全考動'이라는 말을 사용한다. 행동하기 전에 살피고 행동한다는 뜻으로 평소 사용하지 않는 단어라서 어감이 주는 의미를 해석하는 것이 쉽지 않겠지만 이 말이 주는 의미를 여러 번 반복해 느껴보면 '안전고동'이라는 말이 우리가 행동하는데 앞서 염두에 두어야 할 내용임에는 틀림이 없다. 이 고동考動이라는 말 대신 슬로건으로 '행동 전1분, 살피기5초, 생각하기5초' 등 여러 가지 각 회사별로 의미 있는 슬로건을 만들어 사용해도 좋을 것이다.

중요한 것은 행동이 아닌 고동먼저 살피는이 되어야 한다는 것이다.

이런 고동이 될 정도로 안전에 대한 의식이 제고된다면 우리의 재해 예방에 대한 효과는 한층 높아질 것이다.

## 감수성과 감행성

　기업은 사람을 통해 성과를 만들어 낸다. 매출이 큰 기업일수록 사람도 늘어난다. 또 신사업을 하게 되면 새로운 인력을 고용한다. 여기서 고민이 생긴다. 기업은 사람에 의해 운영되는데 그 사람들이 가진 특성은 천차만별이다. 이 천차만별인 사람들의 특성에다 매일 같이 사람의 컨디션이 바뀌다 보니 같은 일을 하더라도 사고의 위험도가 달라진다. 인간이 로봇이 아닌 이상 당연한 결과일 것이다. 이 당연한 결과를 어떻게 안전한 상태로 만들고 유지할 것인가가 사람을 관리하는 핵심이다.

　사람은 10,000명 중 9,999명이 안전한 행동을 해도 한 사람이 사고를 내면 사고 사업장이 되고 만다. 품질은 1,000개를 투입하여 100개가 불량이라도 900개에서 충분한 이익을 낸다면 당연히 100개를 버리고 900개를 팔아 매출과 이익을 창출해간다. 그러나 안전은 한 사람의 사고도 발생하면 안되기 때문에 회사의 모든 안전활동은 가장 낮은 수준의 한 명에 맞추어 활동해야 한다. 그 한 명이 누구인지를 알면 좋겠지만 사람의 마음 속을 들여다봐도 알 수 없다. 따라서 누가 그런 사람인가를 다양한 방법으로 찾아내고 관리하는 방안을 만들어가야 한다.

모든 사람이 다 재해를 일으키는 것은 아니고 항상 주의 깊게 판단하고 행동하는 사람이 있는가 하면 먼저 행동하고 보는 사람이 있다. 특히 후자에 해당하는 사람들은 본인이 의식하기 전에 감행하여 재해를 부르는 '아차'라는 순간을 자기도 모르는 사이에 만드는 사람들이 있다.

이런 사람을 감행성이 높다고 표현하고 이런 사람을 찾는 것이 필요하다. 당사는 우선 위험감수성과 감행성이라는 관점에서 사원을 평가하여 감행성이 높은 수준의 사람을 찾아 정기적으로 교육하고 집중하여 관리하는 방안을 만들었다. 이것으로 재해를 예방할 수 있는 전부는 아니지만 통계적인 리스크를 줄일 수 있는 하나의 툴<sub>수단</sub>은 될 수 있다고 본다.

## TOP의 의지와 지속적인 개선

당사의 안전에 관한 활동의 개념을 설명하는 것이 다소 장황하고 길었지만 이 내용은 아주 중요하다. 앞에서 언급한 개념의 구축과 실행이 단기간에 되는 것은 아니지만 꾸준함으로 실천해 왔다. 안전사고를 예방하기 위한 핵심은 TOP의 의지와 상태<sub>메카니즘</sub>의 개선과 행동의 제어, 효율적인 시스템과 프로세스 그리고 꾸준하게 의식을 제고·유지하겠다는 활동이다.

이러한 안전에 대한 조직과 시스템, 프로세스 활동을 어디선가 배울 수 있으면 좋을 터이지만 우리 주변에서 그러한 것을 가르쳐주는 곳이 없는 것이 현실이다. 그래서 우리도 시간이 많이 걸렸다. 우리 회사의 실정을 하나하나 분석하고 문제의 본질을 찾아 개선하는 과정과 선진화된 곳의 벤치마킹과 노하우 도입을 통해 우리만의 안전관리 시스템과 프로세스를 확립하게 되었다.

　누구나 안전은 중요하다고 인식하면서도 변화에 따라가기 바쁜 시대에 어떻게 하면 더 안전한 회사를 운영할 수 있을까 고민하는 많은 리더들에게 처음부터 하는 것은 힘들고 어려운 길이 될 것이다. 분명 중요한 것을 이해하고 있음에도 쉽지 않은 길을 가는 것보다 당사의 안전에 대한 개념을 이해하고 관련 시스템과 프로세스를 도입하여 실행해 가면서 조금씩 자사에 맞게 정착시켜 간다면 보다 더 안전한 기업을 운영하게 되는데 큰 디딤돌이 될 것으로 생각한다. 그러나 시스템을 도입하는 것만으로 안전한 기업이 되는 것은 아니다. 기필코 안전한 기업을 만들어 구성원의 안전과 행복을 도모하겠다는 리더의 강력한 의지와 도입 이후 꾸준한 활동이 이어져야 한다는 사실을 인식하여야 한다. 이러한 시스템과 프로세스를 통해 안전의 중요성을 일깨우고 후일 안전한 기업과 사회를 만드는데 많은 도움이 되기를 바란다.

# 04

# 안전경영의 프레임과 방향

## 안전활동 조직체계

모든 회사는 고유의 업業 : 제조나 소프트웨어 등을 효율적으로 수행하기 위해 나름대로 최적화한 업무조직을 갖고 있다. 오늘날 기업 경영에서 특히 제조업의 경우 '생산 따로 안전 따로'가 아닌 안전 업무는 성장을 위한 하나의 덩어리로 일체화하여 생각해야 한다. 그래서 회사의 전체 업무 조직에 안전관련 조직을 구성해 운용하는 것이 필수적이다.

따라서 대부분의 기업들은 경영 조직 내에 안전을 담당하는 부서를 두고, 그 부서에서 안전을 책임지도록 하는 것이 일반적일 것이다. 그런데 안전에 대한 TOP의 의지가 안전부서에 적극 반영되고 나아가 전사 업무 현장 곳곳에 제대로 침투되기 위해서는 안전조직이 세부적으로 꾸려져야 한다. 즉 안전에 관한 방침과 전략을 수립하고 추진하는 부서와 그러한 방침과 전략에 의거하여 활동하는 부서로 기획과 활동의 범위를 명확하게 하고 안전업무 활동의 최소 단위를 그룹, 파트, 반, 조 단위로 세분화해서 운영하는 안전활동 조직체계가 필요하다.

따라서 안전은 방침과 전략의 수립과 실행<sub>활동</sub>을 구분하여 가는 것이 필요한데 그렇지 못한 경우는 계획과 실행을 모두 책임지게 하면 계획 단계에서 소극적일 수 있고, 또 활동과 결과에 대한 데이터의 은폐가 발생할 수 있기 때문에 반드시 구분하고 책임을 명확하게 해서 조직을 운영할 필요가 있다. 당사는 일반적으로 안전조직과 관리체계는 톱 다운<sub>Top Down</sub> 방식을 취하고 있으며, CEO는 전사 '안전보건책임자'로 되어 있다. 안전조직은 전사 조직과 유사하지만 '안전보건사무국<sub>기획</sub>'을 별도로 구성해 운영하고 있으며, 각 팀 또는 그룹단위로 실행조직을 두고 있어 팀 또는 그룹단위의 안전활동을 책임지도록 하고 있다. 통상 안전활동은 기존의 업무와 겸직하는 것이 일반적이나 규모가 큰 조직<sub>제조팀 등</sub>의 경우에는 안전활동만을 전담하는 담당자를 두고 있다.

안전사무국은 각종 환경이나 안전 법규에 대처하기 위한 조직으로 공장지원팀장, 환경안전그룹장, 환경 및 안전파트장, 실무 담당과장이 TOP의 의지를 반영해 전사의 환경안전 관리 방향을 수립하고 대외기관<sub>소방서 및 관계기관</sub> 업무를 담당한다. 실행 조직으로 각 팀 단위 조직에서는 팀장이 그 팀의 안전책임을 맡고 있으며, 팀 아래 각 그룹,

파트 단위로도 안전담당자를 두고 세부 안전관리 사항을 실행하고 있다. 이와 같은 조직 운영을 통해 책임과 실행을 명확하게 구분하고 있다. 당사는 제조기업으로 많은 기계장치와 화학약품을 사용하고 있고, 제조와 검사에 많은 사람이 필요로 하는 업의 특성상 리스크 요인이 많다. 따라서 앞서 서술한 바와 같이 각 부서마다 안전 업무 담당자를 두고 있으며 특히 리스크가 큰 부서에서는 안전업무 '담당자'가 아닌 '전담자'를 두고 현장의 전원참여를 독려하면서 사고 리스크 요인에 대한 과제 발굴과 개선에 힘쓰고 있다.

당사의 안전 담당자와 전담자는 활동 실적을 평가해서 인사고과에 반영하고 있으며 부장 승진을 위해서는 필수적으로 안전담당자를 1년 간 거치도록 하여 직급이 높을수록 위기의식이 강한 미래의 리더로 성장하게 하고 있다.

안전사무국 역할을 하는 환경안전그룹의 조직은 그룹장을 중심으로 환경파트와 안전파트로 구분 운영되고 있다. 환경파트는 환경관리, 환경시설에 대한 관리를 담당하고 있으며 안전파트는 산업안전, 보건관리, 방재관리 등 약 70여 가지의 업무를 수행하고 있다.

각 담당자는 소속 부서의 안전은 물론 전사적으로 추진하는 업무를 지원하고 체크하는 등 PDCA<sub>Plan-Do-Check-Action</sub> 사이클에 따라 체계적으로 이루어진다.

하지만 당사도 시행착오가 있었다. 처음에는 회사 규모를 고려할 때 환경안전 업무도 전사 스텝 조직으로 충분하다고 생각했다. 하지

## 전사 안전조직 및 담당제

안전보건 책임자 — 사장
안전보건 부책임자 — 부사장

**안전사무국**

*전사 안전활동 총괄
- 활동 가이드라인 제시
- 안전활동 계획 수립
- 관리기준 제정/개정
- 각종 캠페인, 안전활동 주도
- 기타 안전 시스템 개발

**안전 전담자**
- 부서 내 안전업무만 진행

**안전 담당자**
- 매년 담당자 변경
  안전담당자 1년 이상
※ 미 참여시 부장급 승격 불가

**공장 지원팀**
- 환경안전G — 안전 담당자
- 시설G — 안전 담당자
- 설비G — 안전 담당자 · · ·

**제조팀**
- ○○그룹 — 안전 전담자
- ○○그룹 — 안전 전담자 · · ·

**품질팀**
- ○○그룹 — 안전 담당자 · · ·

**○○팀**
- ○○그룹 — 안전 담당자 · · ·

**○○팀**

**○○팀**

만 업무의 방침과 전략 등 입안과 실행이라는 면에서 성격이 근본적으로 다른데 방향을 수립하고 시행하는 곳이 같다면 역할과 책임면에서 예기치 못한 문제점이 생길 수밖에 없으며 데이터의 신빙성이나 신뢰도가 떨어질 수 있으므로 해결해야 할 중요 문제점들이 드러나지 않고 은폐될 수 있다.

당사도 전문조직을 꾸리기 전에 그런 문제가 있었다. 일선 실무자들이 보고한 내용의 데이터에서 차이가 나면서 신뢰에 의문이 생겼다. 이에 필자는 방향 설정과 실행의 일원화 방침이 착각이었음을 깨닫고 곧 안전 전담 실행조직을 구성하여 현재까지 운영하고 있다. 이 책을 읽는 리더는 회사의 규모가 크고 작음에 따라 조직이 달라질 수도 있겠지만, 역할과 책임을 명확하게 하여야 책임 있게 업무가 이루어지고 기대한 성과를 거둘 수 있음을 인지하기 바란다.

## 안전회의 운영체계

안전에 대한 조직을 갖추고 역할과 책임을 명확히 하여 실행해야 한다. 안전이야말로 TOP의 의지가 중요한데, TOP의 방향과 정책을 사원 개개인에게까지 전달시키기 위한 회의와 그러한 내용을 기준으로 각 팀장과 그룹장들이 단위조직까지 확인하고 피드백 하는 방식의 회의 체계가 만들어져야 한다. 그리고 회의방식은 토론 형식으로 운영되는 것이 효과적이다.

당사의 안전회의 체계는 '전사 안전위원회안전·위생·방재·환경·에너지'와 '팀 안전위원회', '그룹 안전위원회'로 구성되어 있으며, '안전은 모든 것에 우선한다'는 의미로 매월 가장 먼저 이 회의를 전사회의로 실시한다. 한달 동안의 안전활동 실적과 활동 내용을 각 팀별로 발표하고 차월의 활동 계획을 공유한다. 이 체계를 통해 전사가 일원화되어 일체감 있는 안전활동을 전개하고 있다.

여기서 중요한 것이 TOP의 의지나 방향이 하부조직까지 전달되기 위해서는 회의 참석자가 많을수록 좋다. 그러나 규모를 감안하여 우리의 경우는 전 사원이 참석할 수는 없기 때문에 모든 임원과 보직장, 안전담당자가 반드시 전원참여 하도록 하고 있다. 또한 전원참여를 위해서 전사 안전회의를 하는 날짜는 연초에 연간 일정을 미리 정하고 그날은 모든 사람들이 자리를 지키도록 하여 안전회의의 중요성을 강조하고 있으며, 이렇게 하부단위 조직장까지 참석을 함으로써 경영층의 의지가 빠르게 하부조직 전원에게 전달되는 효과가 있다. 전사 안전회의에 불가피한 가정사나 긴급 고객 VIP 미팅 등으로 참석이 어려운 경우에는 사전에 CEO의 결재를 받도록 하고 있다.

먼저 전사 안전위원회안전·위생·방재·환경·에너지는 CEO 주관으로 진행되며 매월 특정 주, 특정 요일을 정해 진행한다. 조직적인 안전활동 전개를 위한 전사적 의견이나 정보를 효율적으로 공유하고 활동실적과 우수활동 시상, 재해예방 활동보고, 이슈사항 전달과 보고, 각 팀 안전활동 발표 및 토의 등이 진행된다. 또한 경영진 강평을 통해 TOP의 의지가 전사 안전 업무에 잘 반영되도록 한다.

이렇게 전사 안전위원회가 종료되면 다음으로 각 팀 안전위원회를 진행하여 전사 안전위원회 내용을 공유한다. 이를 통해 Top Down이 되고 팀별 안전활동 내용을 점검해 간다. 구체적으로 팀 안전위원회에서는 전사 안전위원회 회의 내용 공유와 팀 안전실적 및 우수자 시상, 팀장 안전의식 전파, 팀별 이슈 선정 등을 논의한다. 참석 대상은 팀내 보직장 등 간부와 안전담당자 등이며, 팀별 특성에 따라 매월 1~2회 개최한다.

팀별 안전위원회 후에는 다시 그룹단위별 안전회의를 진행한다.

## 안전회의 체계

| 전사 안전위원회 | 팀 안전위원회 | 그룹 안전위원회 |
|---|---|---|
| • 주관 : CEO<br>• 주기 : 월 1회<br>• 내용<br> - 재해예방 활동 보고<br> - 안전이슈 전달 공유<br> - 팀 안전활동 보고 및 토의<br>• 대상<br> - 임원, 조직장, 안전담당자,<br>  근로자대표 등 약 80명 | • 주관 : 팀장<br>• 주기 : 월 2회<br>• 내용<br> - 팀 안전활동 현황 공유<br> - 팀 안전의식 전파 교육<br> - 팀 안전우수자 시상<br>• 대상<br> - 팀내 보직장, 간부,<br>  안전담당자 | • 주관 : 그룹장<br>• 주기 : 주 1회<br>• 내용<br> - 전사안전회의 내용 공유<br> - 부서내 안전활동 선정<br> - 부서장 안전의식 전파<br>• 대상<br> - 부서내 모든 구성원<br>  (교대근무자는 전달) |

전사 안전위원회

그룹 안전위원회는 그룹 내 안전활동의 실행에 대한 내용을 구체적으로 과제화하여 전개하는데 그룹장 주관 하에 부서의 모든 구성원이 참석하되, 조직이 큰 곳은 결과에 대한 현장 전파를 조장, 반장 단위로 하여 모든 구성원이 알 수 있도록 빠르게 진행한다. 그룹단위의 주된 활동은 전사 안전위원회 회의 내용 공유, 부서내 안전활동 선정 공유, 부서장의 안전의식 전파 등이다.

안전활동의 핵심은 '생산 따로 안전 따로'라는 생각에서 벗어나 일상에서의 의식제고를 통해 안전하게 활동한 결과가 그날의 생산 실적이 된다는 개념으로 전개되어야 하는 것이 핵심이다.

## 안전관리 기준정립

2018년 회사 출근버스가 교차로 신호대기 중 뒤에서 오는 버스에 추돌 당하는 사고가 발생했다. 이때 사원 5명이 안전벨트를 매지 않아서 사고 충격으로 얼굴에 부상을 입었다. 이 사고 후 회사에서는 관리자는 물론 버스 용역회사의 운전기사까지 안전교육을 실시하고 사원들이 탑승하면 반드시 안전벨트를 매도록 꾸준히 계도하고 홍보했다. 또한 인사그룹장 주관 하에 운전기사와의 정기 간담회를 열어 애로사항은 없는지 불만사항은 무엇인지를 듣고 이를 해결하기 위해 꾸준히 노력했다.

그로부터 2년이 지난 2020년에도 같은 유형의 사고가 발생했다.

사원들이 탄 출근 버스가 회사로 오던 중 도로 1차선에서 발생한 사고 차량을 뒤늦게 발견하고 차선 변경을 시도했으나 미처 멈추지 못하고 추돌하게 된 것이다. 그러나 이때는 탑승자 전원이 안전벨트를 매고 있어서 아무도 부상을 입지 않았다. 이는 2년 동안 끊임없는 안전활동, 즉 출퇴근 시 지속적인 차량 안전벨트 착용 점검은 물론 사원들 개개인의 차까지 비정기적으로 점검하는 등의 적극적인 사고 예방활동을 펼친 덕분이었다.

당사의 사원이라면 누구나 업무 현장이든 일상생활에서든 마음속에 새겨서 지켜야 할 '10대 안전 기본 룰'이 이런 사고 예방사례 덕분에 빛을 발하게 되었다. 이 10대 안전 기본 룰을 바탕으로 나와 동료의 안전은 내가 지키겠다며 꾸준히 추진해온 안전활동이 우리를 사고로부터 보호해 준 것이다. 우리 스스로의 활동으로 우리의 안전을 확보하게 되었으니 이보다 더 자랑스러운 일이 어디 있겠는가? 자신의 안전과 가족의 행복을 지킬 수 있는 것은 물론 회사도 불행한 사고로 인한 불명예를 안지 않아도 되니 이 얼마나 보람된 일이 되겠는가?

한편 현장에서는 화학약품을 많이 사용하고, 기계장치류가 많기 때문에 그에 따른 안전수칙을 제정해서 사원들에게 해당 수칙을 지키도록 함으로써 사고 예방에 힘쓰고 있다. 이에 5대 안전수칙은 일반 생활안전에 관한 사항을 비롯해 각종 유해물질 취급, 화재예방 등 5개 부문에 걸쳐 자세히 정하여 운영하고 있다.

① 안전은 모든 것에 우선한다
② 부하의 안전은 상사가 지킨다
③ 나와 동료의 안전은 내가 지킨다
④ 5대 기본 안전수칙과 작업표준을 준수한다
　　(생활, 유해물질, 약품보관, 화재예방, 유기용제 취급 등)
⑤ 작업 전에 위험예지를 철저히 한다
⑥ 가동 중인 설비에는 절대 손을 대지 않는다
⑦ 3S(정리, 정돈, 청소)를 철저히 한다
⑧ 안전 습관화를 위해 상호 지적을 생활화 한다
⑨ 개인 보호구를 반드시 착용 후 작업에 임한다
⑩ 교통 법규를 반드시 준수한다

## 5대 안전수칙

| 구분 | 내용 |
|---|---|
| 1. 생활 안전수칙 | • 횡단보도 좌우 확인, 보행 중 핸드폰 사용 금지<br>• 계단 이용 시 난간잡기<br>• 입수보행 금지, 우측 보행 생활화 |
| 2. 유해물질 취급 안전수칙 | • 지정장소 밀폐 보관, 경고 표지 부착, 관계자 외 출입 금지<br>• 산/알칼리 혼합 보관 금지, 보호구 착용<br>　(방독면, 화학복, 화학장갑, 장화) |
| 3. 약품보관 안전수칙 | • 규정 품목 보관, 보관 리스트 보관<br>• 밀폐용기 보관, 약품보관함 시건, 담당자 외 취급 금지 |
| 4. 화재예방 안전수칙 | • 화기작업 허가 후 작업<br>• 화기작업 후 잔불 확인, 소화기 위치/사용법 숙지<br>• 인화성 물질 비치 금지, 발신기 위치 확인 |
| 5. 유기용제 취급 안전수칙 | • 화기(점화원) 사용 금지, 필요량 이상 보관 금지,<br>　밀폐용기 보관<br>• 담당자 외 취급 금지, 보호구 착용<br>　(방독면, 화학복, 화학장갑, 장화) |

# 활동 우수자 포상信賞

우리는 쉽든 어렵든 회사 구성원 모두에게는 주어진 일이 있고 매일 수행하고 있다. 당사는 이러한 일들이 사고 발생 없이 안전하게 진행될 수 있도록 각 조직마다 안전담당자가 구성원으로 조직도에 편성되어 있다. 이 안전담당자가 하는 다양한 활동 중 하나는 안전활동 우수자를 평가해 추천하는 일이다.

사내 안전활동을 활성화하고 사원들의 참여를 확대하고자 2019년부터 '안전활동 우수자 포상제도'를 도입해 시행하고 있다.

여러 해 동안 다각적인 안전활동을 전개하면서 사원들의 참여가 무엇보다 중요하다는 사실을 인지하고 참여를 유도하기 위해 포상을 실시하고 있다. 처음에는 연말에만 1회성으로 활동 우수자를 선정해 CEO 포상제도를 운영하였으나 잘하는 사람을 더 많이 발굴하는 것이 안전활동의 참여율을 높이는 길이라고 판단해 보상 종류와 시상 주기를 확대하고 평가기준도 체계화해 본격적인 포상제도로 정착시키게 되었다.

우수자 시상은 주기에 따라 나눠서 하는데, 연간 실적을 바탕으로 회사가 시상하는 안전대상과 분기마다 실시하는 안전우수상, 매월 각 팀장들이 시상하는 월간 안전인이 있다. 평가는 공정을 기하기 위해 안전활동 평가 리스트를 활용하고 동시에 추천서도 사용하고 있다.

**안전활동 포상**

전사 안전제안대상 시상 모습

분기 안전우수자 현장 시상 모습

　상을 너무 남발하는 것이 아니냐는 우려도 있었지만 사원들의 참여를 이끌어 내기 위한 효과적인 방법이라고 생각해 꾸준히 시행했고 실제로 활성화에 도움이 되고 있다. 상을 받은 사람은 상에 대한 긍지를 느끼며 행동에 더 주의를 기울이게 되는 것이 인지상정 아니겠는가?

　또한 상금을 크게 하기보다는 다소 적더라도 여러 명에게 시상함으로써 동기부여의 폭을 넓히고 주간, 월간, 조직 별로 안전의식을 자주 되새기는 기회를 갖는다는 의미가 크다. 안전활동 우수자 포상제도는 꾸준한 시행을 통해 회사의 조직문화로 자리 잡으면서 전사적인 안전의식을 높이는데 크게 기여하고 있다.

## 미준수자 페널티제 必罰

　당사는 전 사원의 위험한 행동을 방지하고 관련 안전규정을 준수하기 위해 안전 홍보와 계도 활동을 적극 벌이고 있다. 사람이 한꺼번에 많이 통행하는 곳에서는 부딪히는 사고가 발생할 가능성이 높다. 만에 하나 발생할 수 있는 보행자 간 충돌사고와 전도 사고를 예방하기 위해 보행 중 스마트폰 사용을 자제하고 계단을 오르내릴 때는 뛰지 않고 난간을 잡도록 하는 등 보행 중 사고예방 활동을 전개하고 있다. 또 횡단보도에서는 좌우를 손가락으로 지적하면서 살피는 확인 행동을 하고 건너도록 계도하고 있다.

　이러한 계도와 홍보 효과를 높이기 위해 계단에는 '난간잡기', 보행로에는 '보행 중 스마트폰 사용 금지', 횡단보도에는 '좌우 지적 확인' 등의 시각화한 이미지를 부착해 두고 있으며, 전 사원에게 안전규정을 담은 핸드북을 배포해 그 준수를 유도하고 있다. 이러한 활동의 이면에는 회사에서 사원들의 의식이 항상 깨어 있도록 하려는 조치이다.

　한편 이러한 노력에도 불구하고 불안전 행동을 한 사원과 규정을 지키지 않는 사원에게는 벌점을 부여하는 안전규정 미준수자에 대한 '미준수 페널티제'를 운영하고 있다. 기본 안전수칙을 바탕으로 특히 계단을 이용할 때 난간을 잡지 않는 사람과 보행 중에 스마트폰을 사용하는 사람, 현장에서 근무할 때 지정된 장소에서 보호구를 착용하지 않는 사람, 중량물을 운반할 때 작업기준을 위반하는 사람들에게 벌점을 부여하고 있으며, 벌점이 일정 점수에 도달하면 인사위원회를 열어 해당 사항을 고과에 반영하는 불이익을 주고 있다.

벌점은 '안전관리자'가 규정을 어긴 사람을 지적하고 사무국에 통보해 기준에 따라 부여하거나 불시 모니터링을 통해 규정 위반을 지적하고 그 결과를 전사 게시판에 게시한 후 부여하고 있다.

이러한 벌점 부여의 목적은 전 사원의 안전의식 향상을 통해 사내 안전수칙이 반드시 지켜지도록 하는데 있다. 벌점의 유효기간은 1년을 기준으로 하며 1년이 지날 때까지 더 이상 벌점을 받지 않는 경우에 자동으로 소멸된다. 뿐만 아니라 안전관련 캠페인에 자발적으로 참여하거나 안전제안을 하는 등 안전활동에 적극 참여해 벌점을 상쇄할 수도 있다. 이로써 이 제도가 사원 개개인에게 불이익을 주기 위한 것이 아니라 오직 전사적인 안전을 위해 운영된다는 점을 명확히 하고 있다. 이 페널티제는 사원들의 안전을 위해서라면 못하는 것이 없어야 한다는 생각에서 도입하게 되었다. 규정을 지키지 않거나 불안전한 행동을 반복하는 데도 이를 지적하지 못한다면 그 영이 서지 않게 되어 기강이 무너질 수도 있을 것이다.

이 제도를 도입하면서 사원들의 이의 제기가 많을 것으로 예상했다. 그래서 로마에 가면 로마법을 따라야 한다는 말이 있듯이 우리 회사에는 사원들의 행복을 지키기 위한 회사의 룰이 있다는 점을 설명했고 지키지 못하겠으면 회사를 떠나도 좋다는 식으로 강하게 설득했다.

도입 초기에는 사원들이 이의를 제기하기도 했고 벌점이 쌓이면서 이슈가 되기도 했지만 점차 회사의 안전에 대한 강한 의지를 이해하고 공감하면서 적응해 이 제도는 회사의 룰과 기준을 지키도록 하는데 도움이 되고 있으며 이 제도 도입 후 버스에서의 안전벨트 착용과 계단에서의 난간잡기, 보행 중 스마트폰 사용 금지 등 기본 수칙 준수율이 크게 개선되었고 그만큼 사고 위험도 줄어들었다는 것이 사고 발생 건수 등에서 데이터로 확인되고 있다.

## 경영진 현장 안전지도

이렇게 안전에 대한 조직과 회의체계를 만들고 나면 방침과 전략에 의거 다양한 업무가 진행될 것이지만 중요한 또 하나가 최고 경영진의 현장 안전지도 활동이다. 조직이 갖추어지고 활동이 되어도 경영진의 현장 안전지도 활동은 반드시 필요하다. 이는 솔선수범이라는 의미도 있지만 안전활동에는 최고경영자부터 전원참여라는 의미를 늘 되새기고, 또 경영진의 눈으로 사내의 제반 위험 포인트를 확인·점검하고 개선함으로써 무재해가 지속적으로 유지되는 안전한 업무 환경을 조성하기 위한 활동이다.

안전지도는 CEO가 매월 1회 제조현장과 외부 유틸리티Utility 시설을 포함하여 실시하고, 필요에 따라서 임원이 별도의 일정을 수립하여 실시한다. CEO의 안전점검에는 각종 안전활동<sub>안전제안, 분임활동 등</sub> 우수자에 대한 시상과 현장에서 개선된 내용의 확인 및 숨어있는 문제점을 찾는 패트롤 등의 활동을 통해 TOP의 의지를 전달하고 격려하는 방식으로 운영하는데, 부사장의 경우 공장 외곽과 유틸리티 등을 점검하고 리스크 포인트<sub>Risk Point</sub>를 도출하여 개선이 이루어지도록 지도하고 있다.

경영진의 안전지도는 시상과 같이 칭찬도 해야 하지만 잘못하고 있는 내용을 반드시 짚고 넘어가야 한다. 현장을 패트롤해도 잘못을 찾아내지 못하는 것도 문제이고 또 개선한 내용만 듣고 지나가는 것도 문제이다. 반드시 패트롤 시에는 잘못을 찾고 인지시키는 것도 중요한 목적 중의 하나가 된다. 특히 이 경우는 작은 문제도 크게 보는 침소봉대<sub>針小棒大</sub>의 정신으로 문제를 보고 찾고 공유하는 것이 필요하다.

각 팀장<sub>임원</sub>들도 안전지도는 월 1회 이상 진행하고 있는데, 당사는 임원들이 본인들이 맡고 있는 부서 이외에 타 부서를 점검하는 팀장 교차지도도 진행하고 있다. 이는 팀장들이 서로 부서를 바꾸어 다른 현장을 지도함으로써 매너리즘에 빠지지 않도록 하는 방법으로 교차지도 과정에서 다른 부서를 살펴보고 나면 현장의 문제가 비교되면서 미처 인지하지 못했던 문제점이 더 잘 드러나 보이는 효과가 있다.

팀장<sub>임원</sub> 교차 안전지도 실시 이전에도 모든 작업에 관한 작업표

## CEO 안전지도

**시행** 2014년~

**주기** 월 1회

**내용** 안전제안 포상, 개선과제 현장 확인, 현장 위험포인트 점검, 개선 지시

안전점검 후 CEO 강평 모습

## 부사장 안전지도

**시행** 2015년~

**주기** 월 1회

**내용** 공장, 외곽지역 순환 현장점검, 위험 포인트 점검 및 개선 지시

설비 위험 포인트 점검 모습

## 팀장 안전지도

**시행** 2014년~

**주기** 월 1회 이상

**내용** 팀 구역 내 위험성 점검 개선

작업 안전 개선지도 모습

## 팀장 교차 작업안전 실사

**시행** 2018년~

**주기** 월 1회

**내용** 실제 작업시연, 위험성 점검 개선

작업표준 위험 포인트 지도 모습

준서가 있었지만 교차실사를 시행해 보니 미처 인지하지 못했던 누락된 작업 절차 및 불안전한 행동이 확인되었다. 경영진의 현장 안전지도는 경영진이 직접 솔선수범하고 안전활동 우수자를 시상함으로써 높은 수준의 안전활동과 그를 위한 동기부여를 할 수 있어야 한다. 그리고 이러한 안전지도 활동을 통해 지적되고 발견된 내용들은 표준화하고 작업표준에 반영하여 지켜지도록 하고 있다.

2018년부터 2023년까지 점검 및 개선 실적을 살펴보면 CEO 236건, 부사장 405건, 팀장 624건, 팀장 교차점검 719건으로 총 1,984건이 이뤄졌다. 이렇게 안전지도를 통해 개선된 리스크 항목 수만큼 현장의 사고 발생 가능성이 낮아지는 것이다.

## 기업 경영에서 실적은
## 안전하게 행동한 결과이다

효율적인 안전관리 활동을 위해 관련 업무를 크게 안전 시스템, 실행 프로세스 구축, 안전을 담보하기 위한 활동, 세 가지로 나눌 수 있다.

첫째, 회사 업의 특성에 맞는 안전관리 시스템과 실행 프로세스를 구축하는 것이 핵심이다.

둘째, 안전을 담보하기 위한 정기적인 활동으로는 앞서 구축한 안전관리 시스템과 실행 프로세스를 적극적으로 관리·운영하면서 그 틀 속에서 위험성 평가 등을 통해 리스크 포인트(Risk Point)를 찾고 개선해 나가면서 사고를 예방할 수 있도록 해야 한다.

셋째, 안전한 활동(행동)을 생활화하기 위해 구성원의 안전의식을 제고하려는 노력을 꾸준히 기울여야 한다.

Chapter

# 2

# 활동 프로세스

모든 현장은 아무리 쉬운 작업이라도
사고 발생 가능성을 늘 품고 있다. 따라서 현장이 안전하다는 생각보다
우리의 현장은 늘 사고 리스크가 높은 곳이라고 생각하고
안전하게 행동하는 것을 제일의 목표로 삼고 행동하는 것이
안전사고 예방이라는 측면에서는 바람직하다.

# 01

# 안전의식 향상

## 의식향상의 필요성

2022년 산업재해 통계에 의하면 안전사고는 불안전한 행동에서 60%, 불안전한 상태에서 32%, 기타 8%에서 발생한다고 조사되었다. 즉 산업재해 대부분은 불안전한 행동과 불안전한 상태에서 92%가 발생한다고 볼 수 있는 것이다.

CEO 현장 안전 지도

행사/회의 시작 전후 안전구호 제창

당사는 이러한 산업재해 통계를 심각하게 인식하여 임직원의 안전의식 향상을 위해서 위험성평가 및 안전의식 향상 활동을 하고 있다.

## 일의 전후에 안전슬로건 제창

당사는 모든 일에 있어서 시작 전과 후에 안전구호를 제창한다. 전사 회의 전에도 안전구호를 제창하지만 특히 작업 중에 발생할 수 있는 위험이나 지켜야 할 사항들을 전달하면서 작업에 임하기 전에 안전슬로건을 제창하고 있다. 또 사무실이나 현장, 회의실, 사내식당 등 곳곳에 안전문구와 슬로건을 게시하고 있는데 회사가 추구하는 가장 중요한 가치가 안전임을 전 사원에게 인식시키려는 활동이다.

안전슬로건 제창의 경우 필요시 새로운 슬로건을 선정하여 제창하는데 예를 들어 선창자가 '안전 최우선!'을 선창하면 참석자가 '무재해 달성!'이라 외치고, 이어 선창자가 '안전의식 향상!'을 선창하면 참석자가 '기본 준수 철저!'라고 외치며 곧바로 전원이 '좋아!'를 제창하여 마무리하는 식이다.

이런 슬로건 제창에 대해 처음에는 사원들이 어색해하기도 했지만 안전이 회사 성장을 위한 최고 가치임을 강조하며 적극적으로 이끌어 나가자 모두 당연한 것으로 받아들이게 되었다. 이제는 모든 사내 행사에서 자연스럽게 안전슬로건을 제창하고 있다.

2014년 이후 지속해온 이 활동은 이제 당사의 안전문화가 되었다. 안전슬로건을 사람들이 잘 보이는 곳에 게시하고 외치면서 우리는 마음 속에 안전의식을 키우고 안전활동에 앞장선다는 자부심과 믿음을 가지게 된다.

## 안전슬로건

**안전슬로건 부착**
• 사무실, 현장, 회의실 등

**사내운영 프로세스**
• 업무 시작 전 : 사내 방송시스템 자동 송출
• 전사 회의 시 : 시작 전후 안전구호 제창(행사 포함)

### 안전슬로건(24년 예시)

Safety Slogan 안전 최우선! 무재해 달성! 안전수칙 준수! 안전사고 예방! 좋아!
安全　最優先!　ゼロ災　達成!　安全ルール　遵守!　安全事故　予防!　ヨシ!

### 안전슬로건 제창

현장 내, 시업 전　　　　　　　　　　현장 외 행사 시

## 홍보방송과 문자발송

우리 회사는 안전제일의 가치를 구현하기 위해 출근 시점부터 출근길과 회사 도착 후 업무에 임하는 동안, 또 업무를 마치고 회사를 떠나 귀가하는 시점까지 전 과정에서 안전사고가 발생하지 않도록 다양한 홍보방송과 문자발송도 함께 하고 있다.

이 활동에는 사내 일반방송 시스템을 통해 아침, 오후, 야간, 하루 세 번씩 안전에 관한 방송<sub>가족 또는 사내 리더들의 안전의 중요성을 알리는 멘트 후에 업무에 필요한 기준과 법률적인 사항을 홍보하는 등</sub>을 하고 사내 업무시스템인 그룹웨어를 이용한 전사 알림, SMS를 활용한 안전 홍보도 큰 부분을 차지한다.

또 출퇴근 시 5대 안전수칙 설명과 교통안전 홍보를 하는데 내용은 안전벨트 착용의 생활화와 운전 중 급가속과 급정지하지 않기, 신호위반 하지 않기 등 일상적인 것이지만 이를 반복하여 홍보함으로써 일상생활에 꼭 필요한 안전 행동들이 습관화되도록 돕고 있다.

처음에는 같은 내용을 반복하여 홍보하였는데 시간이 지나면서 홍보 내용이 식상해지는 등의 문제를 개선하기 위하여 내용을 변경하기도 하고, 활용 방법을 다양하게 바꿔보기도 하였는데 그 중 하나가 가족들의 참여이다. 사원 가족들이 다양한 아이디어로 안전에 관한 당부의 말을 녹음해 회사로 보내면 회사에서 당선작을 선정해 근무시간에 들려주는 방식이다.

여기에 참여한 모든 가족에게는 소정의 기념품을 전달하고 당선작에 대해서는 별도의 상금도 지급한다. 사원들이 자신의 자녀나 부모가 근무 중에 안전을 당부하는 육성을 들으면 안전에 대한 의식을 보다 절실하게 다질 수 있을 것이다.

안전문자는 매일 퇴근시간 전 임직원에게 안전수칙과 교통안전 등의 내용을 문자 메시지로 발송해 주의해야 할 사항들을 상기시키는 활동이다.

안전홍보 활동은 2016년부터, 안전문자 발송은 2018년부터 본격적으로 시행하여 현재까지 지속적으로 운영하고 있는 중이며, 이 활동들을 통해 임직원의 안전의식이 부단히 강화하는데 도움이 되었다고 보고 있다.

### 홍보방송과 문자발송

**안전홍보방송**  [출근] 07:10~07:50(40분), 5대 안전수칙 및 캠페인송
[중식] 11:30~13:20(50분), PSM 12대 실천과제, 안전메시지
[오후] 15:00~15:10(10분), PSM 12대 실천과제, 안전메시지

**가족안전 메시지**

• 도입배경 : 직장 내 가족안전메시지를 통해 안전의식 고취와 안전한 일터 구현
• 진행방법 : 임직원 가족이 45초 내외로 녹음
• 시행주기 : 1회/2년
• 경진대회 : 직계 가족의 안전메시지 녹음(30초) 우수자 10명 선정

## 안전완장 착용제도

2018년부터 작업 현장에서의 안전규정 미준수와 각종 불안전한 행동 방지를 위해 '안전완장제'를 운영하고 있다.

안전완장제도는 보직 간부 및 지도부서 관리자의 안전관리 표시 시각화를 통해 작업자에게 안전 경각심을 높이고 비상상황 발생 시 안전관리자들이 책임감을 가지고 빠르게 대응하기 위한 방안이다. 특히 현장에서는 비슷한 복장을 하고 있어 문제발생 시 리더들이 누구인지를 알게 해주는 장점이 있어 완장을 상시 착용하도록 하고 있으며 현장이 아니어도 특별 안전활동이나 안전 점검회의 시에는 이 완장을 착용하도록 하고 있다. 이들 리더들은 안전규정 미준수자에 대한 지적과 벌점을 부여할 수 있는데, 어떤 경우에도 리더가 동료들을 지켜야 한다는 의미와 안전이 회사의 가장 중요한 핵심 가치라

현장에서 안전규정 미준수자를 지도하는 모습
(안전보호구 미착용 작업 등)

외곽지역 패트롤 중 약품 저장탱크에서
안전불합리 사항을 지적하는 모습

는 점을 강조하기 위한 것으로 불안전한 행동 및 안전작업절차 미준수로 인한 사고를 예방하고자 했다.

## 위험감수성과 감행성

평소 중요하다고 여기는 가치<sub>안전</sub>가 있다고 해도 그것을 일상생활에서 늘 기억하고 행동에 반영하면서 살아가기는 어렵다. 우리가 살아가는 생활, 제조현장은 고정되어 있지 않고 예기치 못한 상황이 발생하기도 한다. 그래서 중요한 안전의 가치를 지키려는 우리의 의지와 판단은 상황의 변화 앞에서 늘 시험을 받는다.

안전을 아무리 제일 중요한 가치라고 강조하지만 현실적으로 고객이 요구하는 납기에 맞닥뜨리면 안전보다는 납기 준수에 골몰할 수밖에 없다. 또 품질 문제가 눈앞에서 벌어지면 품질 해결에만 집중하면서 안전의 가치가 뒤로 밀리기도 한다.

회사는 매출을 일으키고 이익을 창출해야만 급여를 줄 수 있기 때문에 현실에서는 안전을 무시하는 생산이 이루어지는 경우가 많이 발생하고 있으며 대부분 회사들의 고민일 것이다. 안전을 담보하는 것이 회사가 돈을 벌고 성장하기 위한 본질적인 전제 조건이지만 현실에서는 그 돈을 벌기 위해 안전을 무시하게 되는 것이다.

이 문제를 어떻게 해결해야 할까?

평소에 여러 문제를 다뤄 본 사람은 자기가 풀어 본 유사한 문제가 제기되었을 경우는 비교적 쉽게 풀 수 있다는 것을 우리는 안다. 수험생이 수능시험 전에 많은 문제를 풀어보는 것도 이런 이유 때문일 것이다. 제조현장의 경우 평소 위험요소를 발굴하고 해결해 본 경험이 많은 위험을 보는 눈을 가진 사람에게는 잘 보이지만 그렇지 않은 사람에게는 잘 보이지 않는다. 위험을 보는 눈을 가진 사람은 위험감수성이 높아 상대적으로 사고 발생 확률이 낮다.

그러나 위험을 보는 눈이 어두운 사람, 즉 위험감수성<sub>자극을 받아들여</sub> 느끼는 성질이나 성향이 낮은 사람은 위험요소가 많은 현장에서도 방심하는 경우가 많아 사고로 이어지기 쉽다. 이런 사람은 상대적으로 감행성이 높다. 감수성이 높고 감행성이 낮으면 상대적으로 돌발적인 행동을 하여 사고를 유발할 가능성이 줄어든다고 본다. 이러한 점에 착안하여 당사는 사원들의 감행성과 감수성을 평가해서 위험감수성은 올리고 위험감행성은 낮추는 방식으로 유도하고 모니터링하는 안전활동을 도입하여 운영하고 있다.

'위험감수성'이란 말은 곧 '안전감수성'과도 통하는데 이를 향상시킨다는 것은 결국 안전에 대한 감수성이 몸에 배도록 하여 어떠한 일을 하더라도 몸에 밴 감수성이 작동해 무의식으로 안전한 행동을 하도록 하려는 것이다. 누가 감수성이 낮은가 감행성이 높은가를 파악한다고 해서 그 결과가 정확하지는 않겠지만 그 활동을 하는 것 자체가 안전의식을 제고하고 통계적으로 리스크를 줄일 수 있다고 생각한다. 조사를 함에 있어 처음에는 참여율이 저조했지만

## 위험감수성과 감행성

**목적**  온라인 위험예지훈련으로 전직원이 가상의 위험 상황을 보고 위험요소와 개선과제를 발굴하여 위험감수성(인식)은 높이고, 위험감행성(회피)을 감소시켜 안전의식을 향상시키는 활동이다.

### 감수성/감행성 비교

| 구분 | 위험감수성 | 위험감행성 |
|---|---|---|
| 정의 | 위험에 대해 생각하는 성향 | 위험에 대해 강행하는 성향 |
| 분석 | 높은 감수성 : 위험 감지가 민감<br>낮은 감수성 : 위험 감지가 둔감 | 높은 감행성 : 위험 행동 강행(안전의식↓)<br>낮은 감행성 : 위험 행동 회피(안전의식↑) |
| 대책 | 안전에 대한 인식, 의식 제고<br>위험요소 발굴 및 안전 개선 | 안전행동 기준/규정 준수<br>행동분석 및 반복교육훈련 |

### 안전감수성 추이

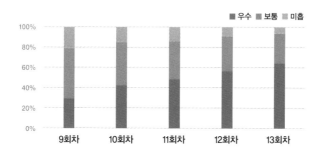

참여 독려와 활동실적 우수자 시상 등의 동기부여를 통해 전사적인 안전활동으로 자리 잡게 되었다.

누가 위험감수성이 낮은가를 수치적으로 나타내는 것은 쉽지 않지만 이를 지수화하고 수준을 높이기 위해 꾸준히 노력하고 있다.

— **077**

그 예로 위험감수성 향상을 위해 1인칭 시점의 위험예지 훈련을 하고 있으며, 정기적인 조사를 통해 지표를 비교해 부족한 부분을 지속적으로 찾아내 개선안을 수립하고 있다.

1인칭 시점의 위험예지 훈련이란 위험한 행동이나 환경이 담긴 사진, 동영상을 보고 위험 요소 및 안전대책 찾기를 반복하는 훈련을 말한다. 사내의 다양한 위험 사진과 동영상을 수집해 제시하고 각 상황별로 위험요소 및 안전대책을 도출하며 활동 우수자는 포상하고, 가장 모범적인 대책은 전사적으로 공유해 소속 전원의 안전의식 향상을 도모한다.

이러한 활동으로 주어진 상황에 대한 위험 도출 및 안전대책 수립 연습을 반복하는 활동을 통해 사원들의 위험감수성을 제고시킬 수 있으며 동시에 안전의식 함양도 기대할 수 있다. 당사는 2017년부터 연 2회 전 사원을 대상으로 이 활동을 실시해 온 결과 위험요소 및 안전대책 도출 능력이 뚜렷이 향상되고 있음을 확인하고 있다.

## KK매핑 설문조사

KK매핑이란 그룹에서 사용하는 '감수성+감행성+지표'를 의미하는 합성 약어로써 전 사원을 대상으로 설문조사를 통해 위험감수성 및 감행성을 조사하여 불안전 성향자<sub>상대적으로 사고 리스크가 높음</sub>를 도출하고 면담과 교육을 통해 안전의식을 향상시키는 활동이다.

이에 대한 효과는 사내 불안전 성향자를 감별하여 원인분석 등을 통한 개선으로 전 사원의 안전의식을 높이고 휴먼 안전에러를 개선하고 예방하는데 있다.

## KK매핑 프로세스

### 1. KK Mapping 설문 참여

플랫폼을 이용하여 위험감수성(21), 위험감행성(21) 총 42문항 설문 실시

### 2. 설문조사 결과 분석

응답결과 데이터를 준비된 KK Mapping Tool에 입력하여 수치화/그래프화하여 4단계로 분류
① 안전 Type : 안전행동이 가능한 타입(감수성↑, 감행성↓)
② 과신의 불안전 : 자신감이 높고 위험을 피하지 않는 타입(감수성↑, 감행성↑)
③ 자신감 없는 안전 : 자신감 없는 안전(감수성↓, 감행성↓)
④ 무의식중 불안전 : 위험에 대해 둔감하고 위험을 피하지 않는 타입(감수성↓, 감행성↑)

### 3. 근무형태 및 근속년수 분석

각 분류별(성별, 근무형태, 근속년수 등) 임직원 안전성향 파악/분석

### 4. 불안전 성향자 도출

불안전 성향자 중복인원(전년, 금년), 신규인원, 증가원인 분석

### 5. 불안전 성향자 면담 및 원인 분석

불안전 성향자 담당 부서장은 당사자 면담(면담목적, 피면담자의 생각, 면담결과, 안전행동을 위한 실천과제 등 도출) 후 면담결과서를 안전사무국에 제출, 불안전 성향자 지속관리

※ 위험감수성 : 위험을 받아들이는 본인의 즉각적인 생각, 인식 성향
※ 위험감행성 : 위험한 상황을 대처하는 본인의 즉각적인 행동 성향

# KK매핑 프로세스

### KK Mapping

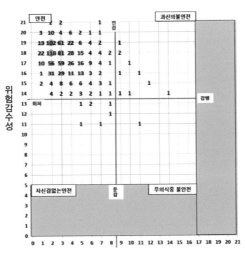

위험감수성

위험감행성

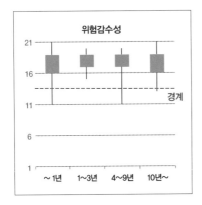

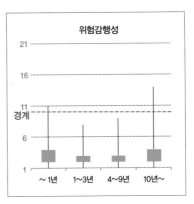

안전경영
실천 GUIDE

## 안전문구 시인화視認化

누구나 안전을 강조하고 또 안전이 중요하다는 말을 듣고 있지만 지속적인 실천으로 이어지기는 어렵다. 아무리 중요한 기억도 시간이 지나면 망각하는 것이 인간이다. 앞서 언급한 에빙하우스의 망각곡선의 흐름을 조금이라도 늦추고 안전에 대한 주의를 지속적으로 이어갈 수 있는 방안으로 '안전문구 시인화視認化' 활동을 도입했다.

작고 사소한 것이지만 우리의 시선이 닿는 곳에 안전문구를 게시해 안전의식을 환기하도록 하는 것이다. 예를 들어 출입문 손잡이나 시계 등에도 안전문구를 부착해 언제나 안전을 우선해야 한다는 의식을 떠올리도록 하고 있다.

당사는 주 52시간 근무제가 시행되면서 4조 3교대제를 도입하였고 신입사원을 대거 채용했는데 한때 현장 작업자의 60%가 1년 미만의 사원으로 채워질 정도로 사고 발생 리스크가 높았다. 현장에서 하는 일이 아무리 표준화가 되고 프로세스대로 안전하게 작업한다고 해도 신입사원이 많다는 것과 현장의 경험이 부족하다는 것은 사고가 발생할 수 있는 개연성이 높다는 것을 의미한다. 이렇게 리스크가 높은 환경일수록 사고 발생 가능성을 낮추기 위해서는 사소한 것이라도 안전사고 예방을 위해 할 수 있는 모든 것을 해야 한다. 이러한 활동을 통해서 평소 '안전을 생활화'하는 문화를 조성해 가는 것이 필요하다. 당시 입사한 신입사원들의 눈이 가는 곳에는 모두 안전문구가 시인화 되어 있어 생소하게 느꼈을 것이나 그만큼 효과도 있었다고 생각한다.

안전문구 시인화는 이렇게 안전문화를 조성하는 중요한 활동의 하나라고 생각한다. 내용은 '안전제일', '안전 또 안전', '안전 최우선', '오늘도 안전', '나의 안전 다짐' 등 문구가 적힌 스티커를 문이나 설비, 화장실 등 우리가 움직이고 행동하면서 시선이 닿는 모든 곳에 부착하는 것으로 회사 내 약 3,600여 개소에 부착해 놓았다.

## 안전문구 시인화

**설비**  공정안전관리(PSM) 12대 실천과제

**공정**  안전슬로건, 공정안전관리 12대 실천과제, 관련법규

**계단**  난간잡기 생활화, 보행 중 스마트폰 사용금지 등 5대 생활안전수칙,
공정안전관리(PSM) 12대 실천과제

**기타(출입구/화장실/복도 등)**  5대 기본안전수칙, 안전표어, PSM, 12대 실천과제 등

PSM 대상설비

PSM 공정

계단

출입구(실내)

화장실

모든 현장은 아무리 쉬운 작업이라도 사고 발생 가능성리스크을 늘 품고 있다. 따라서 현장이 안전하다는 생각보다 우리의 현장은 늘 사고 리스크가 높은 곳이라고 생각하고 안전하게 행동하는 것을 제일의 목표로가치 삼고 행동하는 것이 안전사고 예방이라는 측면에서는 바람직하다.

## 안전 준수 캠페인

안전한 상태로 작업이 진행되기 위해 중요한 것은 행동하는 모든 사람들의 안전의식이 충만한 상태로 있어야 한다는 것이다.

안전의식의 충만한 상태를 만들고 이를 유지하는 활동은 다양하다. 기본수칙 준수 캠페인도 그런 활동의 하나다. 당사는 정기/비정기적으로 안전에 관한 캠페인을 실시하고 있다. 이때 안전수칙 미준수로 벌점을 받은 사원들도 이 캠페인에 참여하게 하여 벌점 삭감의 기회를 주고 있다.

캠페인의 주된 내용은 앞서 언급한 '10대 안전 기본 룰'과 '5대 안전 수칙'을 잘 지키자는 것을 홍보한다. 이 중에서 계단 이용 시 난간 잡기와 횡단보도를 건널 때 좌우 지적 확인은 한국인의 문화에는 잘 맞지 않는 내용일 수 있다. 사실 우리 회사 내에는 차가 많이 다니는 것도 아니고 움직이는 차량도 저속운전을 하기 때문에 차량으로 인한 안전사고 발생 가능성은 거의 없다고 봐도 무방하다. 따라서 사원들 입장에서는 차가 없는 것이 뻔히 보이는데 횡단보도를 건널 때 좌우지적을 해야 하는 것이냐는 불만이 있을 수 있다.

그럼에도 불구하고 이러한 기본 안전수칙 준수는 사원들이 사내에서 행동할 때는 충분히 안전을 의식하고 행동한다는 것을 스스로 표명하는 것이라고 생각하며, 따라서 사원들의 안전을 담보하기 위해서 반드시 지켜져야 한다고 믿고 있다. 아직도 계단 이용 시 난간 잡기나 횡단보도에서 좌우 지적 같은 행동을 어색해 하는 사원들이 있다. 하지만 혁신은 내 몸에 맞지 않는 옷을 입고 있는 느낌이어야 비로소 진행할 수 있다. 필자는 불편하고 부자연스러운 이러한 행동이 몸에 배는 순간 그 회사의 안전의식 수준이 올라간다고 생각한다. 반대로 이제까지 제약 받지 않았던 습관화된 불안전한 행동이 반복되다가 위험한 상황불안전한 상태을 마주했을 때 사고로 이어질 가능성이 높아진다.

2015년부터 시작한 이 안전캠페인 활동은 어떤 이슈가 있을 때는 집중적으로 추진하고 평소에는 각 팀별로 분기에 1회로 진행하고 있으며 이 활동이 불편하다며 해제를 건의하는 사원들에게는 이렇게 설득해 왔다.

"당사는 사원들의 안전을 보장하기 위한 이 활동을 취소하거나 양보할 의사가 전혀 없으며 제조 물량보다 안전을 제일의 가치로 생각하고 경영하겠다"는 경영진의 의지를 지속적으로 설명하고 설득하자 사원들의 인식도 달라지게 되었다.

**운영**      중식시간 활용 팀별 캠페인 진행(안전수칙 준수)

**주기**      • 무재해 : 분기 1회 시행(팀별 순환)
                • 재해 발생 시 : 특별 안전활동 기간 동안 총 2회/주 실시

**활동사례**

회사 입구 안전캠페인 모습
(교통안전 캠페인 : 과속, 신호위반, 양보운전, 안전벨
트 등)

회사 출구 안전캠페인 모습
(기본안전수칙 지키기 캠페인 : 횡단보도 준수, 계단
난간잡기 등)

## 안전환경 표어 공모

2014년부터 매년 1회씩 임직원들의 안전의식 향상을 위해 안전,
보건, 방재, 환경 등을 주제로 안전표어 공모전을 열고 있다.

동기부여를 위한 시상은 최우수상 1명, 우수상 3명, 장려상 10명
이며 각각 소정의 상금을 시상하고, 수상한 표어는 통행이 많은 사
내 보행로에 게시해 전 사원에게 공유하고 있다.

사원들의 높은 호응 속에 매년 참가자가 늘어나 2018년에는 120
명, 2019년에는 199명, 2020년에는 220명을 기록하는 등 전사적인

안전의식 제고에 큰 역할을 하는 행사로 자리 잡고 있다.

　회사의 발전은 임직원의 안전이 지켜지지 않는 한 기대하기 어렵다. 시황이 좋다면 일시적인 매출 상승이나 이익 증대가 가능하겠지만 지속가능한 발전과 기업의 사회적 책임이라는 관점에서 보면 안전을 확보하지 않은 성공은 불가능하다고 생각한다. 안전표어 공모전과 같은 전사적 안전의식 향상 노력은 이와 같이 회사의 지속 발전을 위한 여러 활동의 하나로써 큰 의미를 갖는다. 해를 거듭할수록 참여 인원이 늘고 있다는 사실은 이 행사를 통해 사원들의 안전에 대한 관심과 의식이 그만큼 향상되고 있음을 증명하는 것이다.

## 안전환경 표어 공모

**운영**　　임직원 안전의식 향상을 위한 안전, 보건, 소방, 환경 표어 공모

**주기**　　연 1회

**프로세스**　① 안전표어 공모전 취지와 제출 방법 게시
　　　　　② 1차 안전사무국 평가(상위 40작 선정)
　　　　　③ 2차 임원 최종 평가(상위 14작 선정)
　　　　　④ 당선된 표어 게시판 제작 후 보행로 전시

**활동사례**

# 02

# 참여형 안전활동

## 안전분임조 운영

우리가 일하는 현장에서는 주어진 작업표준대로 일을 하더라도 종 종 사고가 발생하곤 한다. 대한민국의 모든 현장의 현실이 비슷할 것이라고 생각한다. 왜 그럴까? 실제로 신사업을 하든, 기존사업의 새로운 모델이든 작업표준을 만들 때는 기술적인 내용의 품질과 생산성을 고민하면서 Flow Chart를 만들고, 그에 따른 작업표준서<sub></sub>ㅈㅅㅆ를 만들어 사용하는 것이 일반적이다. 그러다 보니 작업표준에는 Quality Control 항목은 있어도 Safety Control 항목은 없거나 있어도 내용상 부족한 상태로 작업표준이 제정되는 것이 일반적이다.

생산 구조가 점차 기계장치화 되고 많은 약품을 사용하면서 안전 문제가 대두됨에 따라 최근에는 작업표준에 안전을 위한 내용이 많이 포함되고 있는 추세이기는 하지만 아직도 모든 현장이 안전을 담보할 수 있는 수준까지 표준화되지 못하는 실정이다. 물론 안전관리가 작업표준에 반영된다고 하더라도 그것이 우리의 안전을 완벽하게 보장해주는 것은 아니지만 안전이 성장동력이 된다는 관점에서 기업 경영을 하기 위해서는 모든 작업표준에 안전포인트가 함께 포함되어야 하는 것이 중요하다는 것을 다시 한 번 인식해야 한다.

무엇보다 모든 산업 현장은 안전 리스크불안전한 상태를 안고 있다고 보는 것이 현실적이다. 따라서 이런 상황을 직시하고 되도록 안전사고가 발생하지 않게 예방하는 작업을 선행하여 진행하는 것이 중요하다. 이러한 문제점을 보완하고자 산업안전에서는 위험성 평가를 하도록 하고 있으나 이것으로 모든 위험이 사라지는 것은 아니다.

위험성 평가를 하는 소수의 눈높이로 모든 Risk를 찾아내는 것도 어렵고 또 실제 설비 등을 사용 시 발생할 수 있는 변수 등을 감안하면 더욱 그렇다. 또 많은 기업이 안전사고가 발생하고 나서야 대책을 수립하는 것이 일반적이며, 이 대책마저도 임시방편에 머무는 경우가 많은데 그러한 상황이 만들어지는 것은 아무리 심각한 사고라도 시간이 지나면 다른 일들로 인해 금세 잊혀지기 때문이다.

이렇게 기계장치화되고 화학약품을 사용하는 리스크 있는 제조현장의 위험성 있는 문제점을 체계적으로 찾고 동시에 안전활동을 일관성 있게 지속하려면 구성원 전원의 적극적인 참여가 필요하며, 이때 가장 효과적인 수단이 분임조 활동이 될 수 있다. 그래서 당사는 안전활동에 이 분임조라는 툴을 접목하여 운영함으로써 현장의 리스크를 찾아 개선함으로써 안전을 담보하는데 큰 역할을 하고 있다.

당사의 안전분임조 활동은 함께 일하는 동료들이 조를 구성해 자신들의 활동 범위 내에서 각 조원들의 작업 현장을 동영상으로 촬영해 구성원 전체의 눈으로 분석하면서 리스크 포인트를 찾는 과정에서 시작된다. 이 과정에서 드러난 안전과 관련된 리스크는 위험성 평가를 통해 개선 포인트로 요약되고, 브레인스토밍 방식으로 해결책을 논의해 개선 방안을 찾는다. 이를 개선한 결과는 안전작업표준서 또는 안전작업관리지침에 반영하여 관련 내용을 부서원들에게 교육을 하고, 사내에 전파함으로써 통계적으로 안전사고가 발생할 수 있는 확률을 줄일 수 있게 한다.

또한 현장에서의 안전사고는 작업표준대로 해도 발생하는 경우도 있지만 작업표준에 없는 작업들에 의해 더 많이 발생한다. 이런 이유는 생산을 위한 기술적인 작업방법만 강조되다 보니 더욱 그렇다. 우리가 하는 모든 일행동이 안전작업표준으로 관리되면 좋겠으나 기업의 현장은 안전작업표준 이외에 작업표준이 없는 비정기적인 작업, 정기적이기는 하지만 상세한 작업표준 내용이 없이 전임자로부터 전달받은 습관적으로 진행하는 작업으로 안전사고가 발생하는 경우도 많다. 따라서 이러한 표준이 없이 진행되는 리스크가 있는 작업 행동을 동영상으로 촬영해 조원들과 함께 보면서 무엇이 불안전한 상태와 불안전한 행동인가를 찾아내고 개선하여 안전작업

**프로세스**  주제 선정 → 작업 동영상 촬영 → 동영상 분석(불합리 요소 도출) → 안전 대책 선정
→ 개선 실행 활동 보고 → 안전작업표준서 개정 → 부서원 전파교육

**운영현황**  생산직(64), 사무직(8), 전사 72개 분임조

**기대 효과**
- 일상적으로 행하는 활동을 통해 임직원들의 안전의식 제고
- 문제를 보는 눈높이를 올리고 일의 방법(일의 시작과 끝) 개선
- 활동(일)의 실행력 제고(개선과 표준등록, 사후 모니터링까지 완료해야 종결)
- 아이디어 도출과 토론문화 형성
- 업무 사각지대의 개선과 표준화 유도
- 인재 양성을 위한 JOB 트레이닝
- 회사의 애로사항 해결을 위한 도구

**활동사례**

분임활동 모습

분임조 경진대회

표준에 반영함으로써 안전사고를 예방하는 안전분임조 활동이 기업 현장에서는 아주 효과적이라는 점을 밝힌다.

당사의 안전분임조 도입 초기에는 참고할 만한 정형화된 방식이 없어서 진행방식과 자료작성, 개선방법 등 모든 면에서 서투른 점이 많았다. 이런 점들은 외부강사전문가 초청교육과 발표회 등을 하고 타

부서와의 교류를 통해 개선해 나갔다. 실시 횟수가 늘어감에 따라 차츰 진행 스킬도 발전했고 이후에는 현장의 위험 요인을 찾는 관점과 개선 대책을 세우는 능력도 향상되어 업무능력 전반이 제고되는 효과도 얻을 수 있었다.

현재 안전분임조라는 활동을 실시하는 회사는 많지 않을 것이다. 우리나라의 산업 현장의 불안한 상태를 안전한 상태로 바꿔 나가기 위해서는 이 안전분임조 활동을 단순한 안전활동이 아닌 기업 경쟁력의 요체로 삼아 모든 기업에서 적극적으로 추진해야 한다고 생각한다. 현재 우리는 안전분임조 활동을 통해 매년 150건 내외의 중대한 결함<sub>방치하면 사고로 이어질</sub>을 찾아서 개선하고 있으며, 이 활동을 더욱 장려하기 위해 매년 활동 실적을 모아 연단위 경진대회를 열고 있으며 이제는 당사의 독특한 안전문화로 자리 잡았다.

## 안전제안제도 운영

제조회사는 품질 개선이나 생산성 향상을 위해 제안제도를 운영하는 것이 일반적이다. 그러나 이런 제안은 품질이나 생산성 향상을 위한 내용이 대부분이라 안전에 관한 내용은 많지 않거나 거의 없다.

보통 사원 수가 늘어나면 안전사고가 일어날 개연성도 높아질 수밖에 없기 때문에 제조업 현장에는 더욱 다양한 안전 관련 리스크가 생기게 된다. 당사는 업의 특성상 장치산업이면서도 많은 인력을 필요로 하는 사업을 하는 회사이다. 또한 250여 종의 화학약품을 사용해 제품을 생산하는 만큼 이와 관련된 안전사고 위험이 현장 곳곳에 도사리고 있으며 실제로 매년 한두 건씩 사고가 발생하곤 했다.

필자는 부임 초기부터 어떻게 하면 이런 사고로부터 안전한 사업장을 만들 수 있을까 고민하다가 안전에 관한 제안을 제안제도에 포함시켜 사원들의 안전의식을 제고하기로 했다. 개선해야 할 현장의 여러 문제점들 중에 안전을 저해하는 요소와 요인들이 많다는 점에 착안해 현장의 목소리를 들을 수 있는 안전제안제도를 적극 도입하여 추진한 것이다.

일반제안제도는 사업장의 전 구성원이 참여하는 품질 향상 및 생산성 향상 활동을 하는데 활용하고 있는데 회사의 제일 가는 핵심가치가 안전이라면 그 핵심가치를 지키고 발전시키는데 모든 구성원이 참여하는 '안전제안제도'만큼 좋은 제도도 없을 것이다.

회사의 안전은 담당자 한두 사람의 활동만으로는 절대 이룰 수 없다. 부서별 안전담당자를 운용하고 있지만 그들이 방대한 현장사업장 전체를 모두 모니터링하고 감독할 수도 없다. 그래서 안전만을 다루는 제안제도를 운영하기로 했다. 회사를 안전한 일터로 만들려고 하면 구성원 모두의 눈높이에서 가장 가까운 곳에서부터 문제를 찾아야 한다. 그러려면 사원들의 전원참여 방안을 찾고 사원들이 스스로 위험을 찾아내 적극적으로 개선하려는 노력이 필요하다. 이런 이유로 탄생한 것이 당사의 안전제안제도이다.

처음에는 일반제안과 같은 방법으로 운영을 했으나 그러다 보니 안전 관련 잠재 리스크를 스스로 찾아내 제안을 하고 이를 개선으로 연결하는 일이 쉽지 않았다. 관리자들이 안전제안이라는 필요성을 올바르게 인지하지 못해 도입 초기 지지부진한 것도 문제였다. 그래서 한동안 TOP의 의지를 보여주기 위해 필자가 직접 현장의 안전제안을 집중적으로 관리하면서 강력하게 시행을 독려했다.

아울러 별도의 안전제안 시상제도를 마련하며 꾸준히 정착을 유도하자 서서히 제안 건수가 늘어나기 시작했다. 제안 내용도 처음에는 예방의 가치가 낮거나 효과가 적은 것상대적으로 위험이 큰 내용들의 개선이 있다고 생각하기에이 많았지만 시상제도를 적극 활용하고 효율적인 제안방법을 지속적으로 강구하면서 제안의 질이 높아졌다.

초기에는 게시판을 이용해 안전제안을 관리했는데, 수작업 문서로 제안자료를 정리하다 보니 제안 출원 건수가 늘어날수록 관리가 어려워졌다. 이에 수작업으로 인한 업무 비효율을 줄이기 위해 실시간 안전제안 관리를 위한 별도의 환경안전통합시스템ESIS을 구축하여 안전제안 관리를 통합하여 운영하고 있다. 이 시스템 덕분에 제안 출원 상황을 실시간으로 확인할 수 있게 되고 관심이 높아지며 제안의 내용적인 질도 함께 향상되었다.

2013년 안전제안제도를 도입한 후 지금까지 8,000여 건의 안전제안을 접수 받아서 1,200건이 넘는 채택과 개선 실적을 거두면서 현장의 많은 리스크 요인을 제거해 안전한 현장을 만드는데 기여할 수 있었다.

당사의 안전제안제도는 회사 시스템에 제안을 등록하고 안전 담당자의 심의를 거쳐 채택 여부를 결정하는 방식으로 진행된다. 접수된 제안은 크게 '채택'과 '단순/유사'로 나뉘어 관리된다. 채택으로 분류된 제안은 안전상 그 중요도가 높은 경우이다. 예를 들어 위험성이 큰 상황에 대한 개선이나 안전상 불합리한 작업 절차 또는 개선이 필요한 공정에 대한 것이다.

단순/유사로 분류된 제안은 채택에 비해 상대적으로 중요도가 낮은 내용, 이를테면 추락위험 지역에 주의 표지판이나 간단한 커버를 설치하는 것 등이다. 등록한 제안 중에서 이미 채택된 제안의 경우에는 반려된다. 채택 또는 단순/유사로 선정된 제안들은 실행부서를 정해 '실행 담당자'들이 실행하며 모든 제안은 그 결과를 피드백을 통해 알리게 되어 있다.

등록한 제안이 채택된 사람과 그 제안을 실행한 사람은 공개적으로 시상한다. 채택, 단순/유사 선정 건수를 따지되 건수에 상관없이 개선 공헌도가 가장 높은 사람을 가려 월 제안 우수자와 연말 제안왕으로 선정하여 포상한다. 채택은 7,000원, 실행은 3,000원, 월 제안 우수자는 10만원, 연말 제안왕은 별도로 시상하고 있다. 이러한 포상을 통해 사원들의 참여도를 높이고 있다.상금은 회사 사정에 따라 조정.

## 프로세스

안전제안 등록 → 담당자 심의 → 실행부서 할당 → 개선 실행 → 피드백 → 우수자 포상

## 안전제안

| NO | 안전제안 제목 | 출원부서 | 출… | 출원일 | 승인일 | 담… | 개선일 |
|---|---|---|---|---|---|---|---|
| 114 | PRESS#6호기 편집부 개선 件 | 제조1파트 | 권 | 2024-10-16 | 2024-10-16 | 조 | 0000-00-00 |
| 113 | #4호기 닙롤 주변 불합리 件 | 제조1파트 | 곽 | 2024-10-15 | 2024-10-16 | 최 | 0000-00-00 |
| 112 | 안전제안 | 제조1파트 | 임 | 2024-10-14 | 2024-10-16 | 황 | 0000-00-00 |
| 111 | 완세정 #1,#2 호기 권출 권취 어 | 검사파트 | 박 | 2024-10-14 | 2024-10-17 | 최 | 0000-00-00 |
| 110 | SLIT 상/하도 울더 해체 시 작업 | 검사파트 | 윤 | 2024-10-13 | 2024-10-14 | 윤 | 2024-10-14 |
| 109 | SLIT 상/하도 변경 시 모듈 고정 | 검사파트 | 윤 | 2024-10-13 | 2024-10-14 | 윤 | 2024-10-14 |
| 108 | SLIT 상/하도 모듈 고정 지그 해 | 검사파트 | 윤 | 2024-10-13 | 2024-10-14 | 윤 | 2024-10-14 |
| 107 | 안전제안 | 제조1파트 | 임 | 2024-10-13 | 2024-10-14 | 임 | 2024-10-14 |
| 106 | 안전제안 | 제조1파트 | 임 | 2024-10-13 | 2024-10-16 | 최 | 0000-00-00 |
| 105 | OS공정 M社 설비 개선 | 검사파트 | 고 | 2024-10-12 | 2024-10-17 | 서 | 0000-00-00 |

안전제안
시스템 화면

　　재해 발생 관련 이론 중에 '1:29:300 법칙'이라는 것이 있다. '하인리히 법칙'이라고도 불리는 이 이론은 1931년 미국 산업안전의 선구자로 불리는 허버트 윌리엄 하인리히Herbert William Heinrich가 경험적 발견을 통해 처음 주장한 것으로, 대형사고는 발생하기 전에 반드시 그와 관련된 수많은 작은 사고와 징후들을 품고 있는 데서 착안한 법칙이다. 즉 큰 재해가 발생했다면 그 전에 같은 원인으로 29번의 작은 사고가 일어났고, 이 사고와 연관된 300번의 징후가 있었을 것이라는 추측을 이론화한 것이다.

우리는 이러한 사전재해 징후 300건을 줄여서 대형사고 한 건을 예방하겠다는 각오로 안전 제안제도를 운영하고 있으며 그동안의 제안 채택 사례와 실행 건수를 통해서 살펴보면 이 제도 실행 이후 매년 일어날 수 있는 5건 내외의 큰 사고를 예방하고 있는 것으로 자체 평가하고 있다. 이런 작은 활동을 통해 우리 사원과 생산 현장이 사고로부터 안전하게 지켜지고 있다고 생각하면 이 안전제안제도를 독려하지 않을 수 없다.

## 유사재해 재발방지

일반적으로 다국적 기업은 각 나라별로 작업 환경이나 생산방식이 달라 일관화된 방식으로 운영하는 것은 어려워 각 나라에 맞는 생산방식으로 운영하는데, 각사별로 발생하는 다양한 사고를 상정할 수 있게 된다. 당사의 주주사에서도 이러한 현실을 직시하고 사고 발생을 줄이기 위해 노력하고 있는데, 그룹의 최고경영층의 '안전은 모든 것에 우선한다'는 의지와 노력을 보면서 모든 기업들이 본받아야 할 '기업의 안전문화'라고 생각한다.

당사도 안전을 최우선 정책에 반영하여 모든 일에 우선하고 있다. 그런 만큼 모든 회의 시에 안전에 관한 보고가 가장 먼저 이루어지도록 하고 있으며, 조직의 팀 및 그룹 단위의 보고를 받을 때 생산·기술·품질·영업 등 부문에 상관없이 해당 부서의 안전에 관한 실적과 안전의식 제고에 관한 활동을 먼저 보고받고 나서 본안 업무의 보고를 진행하고 있다.

주주사의 특장점 중에는 유사재해 전파체계가 있는데 글로벌 관계사에서 발생하는 안전<sub>재해</sub>사고가 발생되면 그 재해사례를 즉각 전 세계 관계사<sub>사업장</sub>에 전파하고 교육하는 프로세스이다. 당사도 매월 즉시 관계사에서 발생된 사고사례에 대해서 유사재해방지회의를 실시하고 있다. 이러한 시스템과 프로세스는 안전에 관한 중요한 시사점을 제공해준다. 각 나라의 작업 환경이 다르더라도 사고가 발생하는 메커니즘에는 공통점이 있기 때문에 우리는 이를 스터디 함으로써 유사한 사고를 미연에 방지할 지혜를 얻을 수 있다.

타산지석他山之石이라는 말이 있다. 남의 산에 있는 거친 돌이라도 내 구슬을 연마하는 숫돌로 쓸 수 있다는 의미를 담고 있다. 타사의 안전사고를 우리의 환경과 비교해 잘 분석함으로써 유사 사고를 겪지 않도록 배울 필요가 있다.

유사재해 재발방지 체계는 관계사에서 발생한 각종 재해를 속보로 접수 받으면 전달받은 내용은 즉시 전사 게시를 하고 유사재해방지회의를 실시한다. 이 회의에서는 접수된 재해를 분석하고 사내에서 유사재해가 발생할 가능성이 있는 공정이나 장소를 파악한 다음 필요시 대책을 마련하고, 결과에 대해 부서원 교육을 진행하는 것으로 사고사례를 통한 경각심 제고와 예방이 되도록 하고 있다<sub>국내 기</sub>

업의 경우 중대재해 또는 관련 사업장의 사건사고를 대상으로 이런 회의체를 만들어가면 좋을 것이다.

이 유사재해방지회의 과정에서 유사재해가 발생된 사실이 드러나더라도 사고를 숨기지 않도록 하기 위해 사고자에 대한 페널티는 부여하지 않는다. 페널티 부여를 통해 얻을 수 있는 이익보다 그런 사고사례를 스터디 할 수 있게 됨으로써 사고를 예방할 기회를 얻는 이익이 더 크기 때문이다. 이 스터디는 각 팀별, 그룹별로 진행되고 결과는 하부조직 단위까지 교육을 통해 전달된다. 이렇게 함으로써 재해 발생에 대한 경각심을 일깨우고 안전의식을 제고할 수 있다.

회사는 이익을 창출하기 위한 집단이지만 그 이익 창출을 위해 가장 중요한 것이 안전이다. 이 말은 일견 생소하고 아이러니하게 들릴지 모르겠지만 아주 중요한 핵심 키워드가 된다는 것을 우리는 알고 있다. 이익 창출을 위한 생산 현장에서 사고가 발생한다고 가정해 보면, 사고 수습을 위해 현장 가동이 중단될 것이고 이는 곧 이익 창출 활동이 중단됨을 의미한다. 따라서 안전을 소홀히 하다가 사고가 발생하면 회사는 성장동력을 잃어버리게 되고 이익 창출과 관련한 어떤 일도 진행하지 못하게 되는 것이다.

앞에서 언급했던 2015년 당사의 생산 현장으로 염소가스가 유입돼 작업자들이 대피하고 일부 작업자는 병원 진료를 받는 사고가 있었다. 이 사고는 언론의 질타를 받으면서 사회적인 문제로 비화되었다. 이로 인해 회사는 몇 개월 동안 업무가 마비되다시피 했다.

이런 경험 사례에서 볼 수 있듯이 진정한 회사의 발전과 임직원의 행복을 위한다면 어떠한 사고도 발생되어서는 안된다. 그렇기 때

## 프로세스

그룹 재해 속보 접수 → 전사 게시 → 안전담당자 회의 시 관계 부서 전파 → 부서별 유사재해
발생 방지회의 실시 → 필요시 대책 수립 → 부서원 교육

## 활동사례

회의일자 : 2024년 4월 29일

| 소속부서 | 검사그룹 | 참석자 | 그룹장, 파트장, 반장 외 관련자 00명 | | 재해 접수일 | 24년 3월 20일 |
|---|---|---|---|---|---|---|
| 재해명 | 하강중인 필름 롤을 돌리려다가 트레이와 대차 사이에 오른손 협착 | | | 발생 일시 | 23년 12월 9일 | 회사/공장 | ○○○ 공장 |

| | | |
|---|---|---|
| 소속부서<br>재해 분석<br>(회의를 통한<br>원인분석 기입) | 직접적<br>원인 분석 | • 피재자는 회전하면서 하강중인 제품 롤 밑에 손을 넣었다. |
| | 간접적<br>원인 분석<br>(비정상<br>작업) | • 작업표준서대로 작업하지 않았다.<br>  (설비를 멈추고 작업하는 것으로 정해짐)<br>• 제품 롤 하부 공간에 손을 넣을 수 있는 구조였다.<br>• 해당 작업에 대한 위험을 인지하지 못하였다. |
| | 불안전한<br>상태 | • 제품 롤이 하강 하는 영역에 손을 넣을 수 있는 구조다.<br>• 제품 롤 하부 공간에 안전센서 및 Cover 설치 안되었다.<br>• 작업 공간에 비상정지 스위치가 설치 되어 있지 않았다.<br>• 공정내 1인 작업으로 비상상황에 대한 전파 및 신고가 되지 않았다. |
| | 불안전한<br>행동 | • 설비를 정지하지 않고 하강중인 제품 롤 밑으로 손을 넣었다. |
| 재해 키워드 분석 | | • 가동 중 설비 접촉, 작업표준 미준수, 1인 작업 |
| 소속부서 유사<br>작업/설비/상태 확인 | | • SLIT, 자동편집, 간지 세정기 |
| 소속부서 현재 안전대책 | | • 안전 Sensor (Door, Area) + Inter Lock System 구축,<br>  비상정지 스위치 설치, 설비 기구부 틈새 안전 Cover 설치 등 |
| 소속부서 추가<br>안전대책 필요 사항 | | |

【제품 롤 데이터】
필름 두께    : 25㎛
제품 롤 중량  : 733㎏
제품 롤 외경∅ : 723㎜
제품 롤 폭    : 1,370㎜
권취 길이    : 15,300m

협착 개소 (오른손 전체)

부은 곳
(약지 · 새끼손가락)

【S42 슬리터】

B라인    A라인

1번위치
2번위치
3번위치

M-4  S42 슬리터

평면도

중간제품

측면도

【재해발생장소 사진】

제품 롤

트레이 대차

협착 부분

문에 이를 예방하기 위한 안전 시스템과 프로세스를 확립해야 할 필요성이 커지는 것이다. 통상 이익을 위한 생산 활동에서 우리는 매일, 주간, 월간, 연간 실적을 세세히 기록하고 그 실적에 방해가 되는 불량에 대해서도 하나하나 원인을 분석하고 대책을 수립한다.

필자는 생산 부문에 기울이는 이러한 의지와 노력을 안전관리에도 전면적으로 적용할 때 지속적인 안전을 담보하고 성장할 수 있으며 그것이 참된 제조업의 자세라고 생각한다.

## 작업환경측정 법적사항

당사는 화학약품을 많이 사용하는 회사로서 법이 정한 규정을 준수하는 것은 물론 그 이전에 사원들의 안전과 지역사회에 대한 의무를 다하고자 매년 상·하반기 2회씩 작업 환경을 측정하고 있다.

생산과정에서 약품을 많이 사용하다 보니 회사 주변에서 약품 냄새가 난다는 민원이 종종 들어오곤 했다. 외부에서 냄새가 난다는 것은 회사 내부 어디에서 약품 냄새가 외부로 유출되거나 혹은 인근의 다른 회사에서 발생하는 것일 수도 있다.

필자는 일단 우리 내부의 문제라고 보고 원인을 찾으라고 지시했지만 찾지 못했다. 회사 주변 아파트 단지에서 제기하는 민원에 대해 우리는 바람의 방향과 냄새 발생 상황을 기록하면서 우리 회사의 문제가 아니라는 주장을 폈다. 그런데 특정시간에 그 냄새가 심각해진다는 사실을 발견하고 이 부분에 대해 집중 조사를 지시했다.

그 결과 냄새의 원인이 우리 회사에 있었다는 것이 밝혀졌다. 평소에는 냄새가 심하지 않고 시간이 지남에 따라 저절로 사라지기 때문에 사용량이 많아지는 일정 시간에 냄새 농도가 짙어진다는 사실을 담당자가 인지하지 못하고 있었다. 이후 오히려 이 약품 냄새 민원은 회사 인근 대기의 질을 개선하는 기회가 되었다. 중요한 것은 원인을 찾아내기 위해 제기된 문제를 소홀히 여기지 않고 집요하게 분석하고 파고 들어야 한다는 사실이다. 이후 더욱 개선하여 지금은 CV-MASTER<sub>VOCs 농축분해장치</sub> 방식을 적용하여 유기용제에 해당하는 냄새는 외부로 나가지 않도록 실시간으로 태워서 배출시키는 방식으로 하여 근본적으로 제거되도록 개선하였다.

안전한 작업환경을 조성하는 활동에는 여러 가지가 있다. 작업이 이뤄지는 공간을 개선<sub>불안전한 상태의 개선</sub>할 수도 있고 작업에 임하는 사원들의 문제점<sub>불안전한 행동</sub>들을 찾아 개선할 수도 있다. 사원의 문제이든 작업 공간의 문제이든 사고를 예방하기 위해서는 가장 먼저 안전을 위한 여러 가지<sub>종류</sub>의 기본 활동이 중요하다.

이 기본 활동에서 중요한 한 가지가 작업환경 측정으로 회사에서 시행하는 작업환경 측정은 근로자의 작업공간내 화학물질의 유해인자를 정기적으로 포집·분석해 법적인 노출기준 이하로 관리하는 것이다. 이를 통해 회사는 근로자의 건강을 보호하고 쾌적한 작업환경을 유지할 수 있다.

**관련법규**  산업안전보건법 제125조
근로자 작업공간 내 유해 화학물질의 유해인자를 정기적으로 포집 및 분석하여
법적기준 이하로 관리하여 근로자의 건강보호 및 작업환경 유지

**측정주기**  연 2회(상·하반기)

**측정방법**  예비조사 → 유해인자 측정

| 예비조사 | 작업환경 측정 |
|---|---|
|  |  |

**예비조사**

- 유해인자 분포실태 및 작업내용 파악
- 작업공정, 작업내용, 근로자수, 근무형태,
  근무시간, 휴식시간, 유해인자 등
- 사용물질 취급량, 용도, 사용주기 등

**작업환경 측정**

- 측정 장비를 활용하여 근로자의 유해인자
  실제 노출정도를 측정
- MSDS, 경고표지, 개인보호구,
  비상샤워시설, 국소배기 장치 등
  전반적인 작업 환경상태 점검

당사는 연간 2회 법적 관리 대상물질에 대한 작업공간내 흄Fume 을 포집하여 외부기관에 의뢰, 측정·분석하고 있다. 여기에는 금속류와 알칼리류, 산류, 유기물 등과 소음도 포함되며 법적 관리기준의 5% 이하로 엄격하게 관리하고 있다.

# 근골격계 유해요인 조사 <sub></sub>법적사항

　먹고 살기 급급했던 예전 세대와 달리 풍족한 생활 환경에서 살고 있는 현대인들은 가급적 힘든 일보다 편한 일을 하길 원한다. 과거보다 좋은 영양상태로 체격이 커진 반면 오랫동안 앉아있거나 스마트폰 등 디스플레이를 눈에서 떼지 않는 생활습관으로 인해 시력이 나빠지거나 허리가 굽는 등 체형 변화도 나타나고 있다. 이러한 신체조건 역시 현장 업무에 영향을 미치고 있다.

　사람이면 누구나 기계장치가 많고 약품을 사용하는 위험한 현장에서 일하는 것을 좋아하지 않겠지만 제조회사에서는 현장 근무는 가장 중요한 일이다. 따라서 이러한 제조환경에서 제품을 생산해야 하는 회사에서는 근무자의 체격 조건이나 체력으로 인해 문제가 생기지 않도록 작업환경 개선에 많은 노력을 기울이고 있다.

　당사는 단순한 반복작업이나 인체에 과도한 부담을 주는 작업무게나 난이도를 구분하여 2인 1조 작업을 하는 등의 기준이 있으나에 의한 건강 장애를 예방하기 위해 근골격계 유해요인 조사 활동을 3년에 1회 주기로 실시하고 있다. 이 조사는 전문기관인력이 회사에 내방하여 현장의 작업 내용을 분석하는 방식으로 진행된다. 먼저 작업자 설문조사를 실시하고 현장 조사 및 사무실 인터뷰, 캠코더 촬영 등 직접 조사를 실시해 의학적 관리 및 유해인자를 분석한 뒤 개선안을 도출한다.

　근골격계의 문제는 모든 회사가 기본적으로 법적인 측면에서 관리하도록 되어 있다. 하지만 일에 대한 인식과 적응력이 과거와 많이 달라진 오늘날 젊은이들이 보다 일하기 편하게 만들기 위해서는 법에 앞서 시대에 맞게 사원들의 작업 환경을 부단히 개선하는 노력이 필요하다고 생각한다.

## 근골격계 유해요인 조사

**관련법규**  산업안전보건법 제39조 1항 5조 의거
사내 단순 반복작업 또는 인체에 과도한 부담을 주는 작업에 의한 건강장해 예방

**측정주기**  1회/3년

**프로세스**  전문기관(인력)이 내방하여 현장 작업 내용 분석 → 증상 설문조사, 직접 조사(현장, 사무실 인터뷰, 캠코더 촬영 등) → 의학적 관리 및 유해인자 분석 후 개선안 도출

---

**개선사례**

- **작업**  제품 현미경 정밀검사
- **현상**  각도가 조절되지 않는 현미경 사용, 작업자 목을 구부려서 작업하게 됨 (목에 부담이 가는 작업 자세)
- **개선**  각도 조절 현미경으로 교체, 작업자 체형에 맞게 조절 가능

## 소집단 안전활동

소집단 안전활동은 분임 활동이기는 하나 현장의 안전분임조 활동과는 차이가 있다. 전사적 안전의식 향상을 위한 활동 중 하나로 전 사원을 소수 인원의 조로 구성해 안전을 주제로 의견을 교환하는 커뮤니케이션 활동이며 월 2회씩 시행하고 있다.

이 활동은 사원들의 자발적인 참여가 아닌 초기에는 얼마간 시간을 정해 의무화하여 시행했는데, 이는 도입 초기 안전의식을 보다 효과적으로 제고하기 위한 불가피한 조치였다. 업무 시간 외에 별도로 시간을 할애해서 진행하는 만큼 사원들의 자발적인 참여도가 낮을 수밖에 없어 회사의 정책으로 초기에는 의무화하여 실시하게 되었다.

주 52시간 근무제가 도입된 후로 활동시간을 할애하기가 어려웠지만 별도의 잔업비를 지급하는 형태로 진행하는 것으로 했다. 초기에는 활동공간을 마련하는 것도 문제였다. 생산직의 경우 15~20개 조가 한꺼번에 활동을 진행해야 하기 때문에 그 인원을 수용할 공간이 마땅치 않았다. 이 문제는 소집단 안전활동 시간에 한해 식당, 대교육장, 안전고동교육장 등을 사용하기로 하면서 해결했다.

활동 현황을 보면 주전·사무직의 경우 26개조로 편성되어 월 2회 활동하고, 생산직은 730여 명이 68개조로 나뉘어 근무 후에 활동하고 있다. 이 활동에서 토의되는 주요 안건은 사원 개개인의 활동 및 실생활과 밀접한 내용들이어서 실질적인 생활 밀착형 안전활동이 되도록 만들어 갔다.

이 활동은 사원들의 사고 체험이나 위험 요소에 대한 평소 생각을 바탕으로 주제를 선정하고 문제를 해결하는 안목을 길러주는데

## 소집단 안전활동

**주요 안건 및 주제**
- 자신이 생각하는 우리 회사의 최대 리스크 해결 방법
- 자신이 근무하는 장소에서의 위험했던 순간들
- 코로나19 증상 및 예방법 토론
- 기타 다양한 안전 관련 주제로 의견 교환

**운영**
- 사무직(10~15명/조) : 총 26개조, 2/4주 화요일 15~16시(1시간)
- 생산직(10~15명/조) : 총 68개조, A타임 1일차 근무 후(1시간)

**활동사례**

도움을 주고 있다. 또한 안전과 관련된 진지한 의견 교환의 기회를 가지게 됨으로써 나와 동료의 안전 확보에도 효과가 있다고 보고 있다. 따라서 이 활동을 지속적으로 추진해 나간다면 인재육성이라는 측면과 회사의 안전을 확보하는 두 가지 효과를 동시에 거둘 수 있을 것으로 기대하고 있다.

## 조반장 안전간담회

우리가 하는 모든 일에 안전에 대한 리스크가 있겠지만 제조를 하는 입장에서는 사고가 많이 발생할 수 있는 곳은 현장이고 또 생산직이 근무하는 곳일 것이다. 이 현장과 생산직을 일선에서 관리하는 사람들이 조장과 반장들인데, 이들의 애로를 듣고 개선해 주는 것은 안전활동에서 아주 중요한 일이다. 따라서 TOP 경영층이 직접 참석해 그들의 생각을 들어보는 조반장 안전간담회를 마련했다. CEO가 처음부터 끝까지 자리를 지키다 보니 조반장들에게 편한 자리는 아닐 수 있다.

그러나 조반장 안전간담회는 조반장 스스로 토론하여 의사를 결정하는 자리로 안전 최우선 의식을 재인식하고 조직 내 안전활동에 대한 역할의 중요성을 자각하기 위한 커뮤니케이션 활동으로 관리자들이 부서별로 진행하는 안전활동 또는 PM예방보전의 정보 및 활동, 애로사항 등을 공유하며 벤치마킹할 수 있는 자리이기도 하다.

2016년에 도입해 매년 1회씩 운영하고 있는 조반장 안전간담회의 주체는 생산부서의 조반장이며, 당사의 경우 CEO와 부사장, 공장지원팀장, 안전사무국 인원이 참관인으로 참석한다.

주요 안건은 안전의식 개혁과 안전수칙 준수 방안 모색 등 현장에 적용할 다양한 안전 관련 현안들을 자체적으로 토론하고 대책을 강구하도록 유도하고 있다.

도입 시작 후 처음에는 참석한 조반장들이 상사의 눈치를 보는

## 조반장 안전간담회

| | |
|---|---|
| **주요 안건 및 주제** | • 조직 내 안전의식 개혁 및 안전활동 철저에 대한 나의 역할<br>• 안전 기본 룰 미준수 원인 확인 및 준수 방안 모색<br>• 신입사원 안전의식 향상을 위한 나의 역할<br>• 사내 3정/5S 활동 방향 검토 및 사례 공유 |
| **운영** | 연 1회 |

**활동사례**

안전고동교육장에서 조반장 안전간담회

분위기였지만 운영의 진정한 목적을 이해하면서 적극적으로 의견을 내고 소통하는 자리가 되었다. 대표이사는 회의 말미에 강평은 하지만 진행 도중에는 어떠한 의견도 개진하지 않고 경청만 한다.

이 활동을 통해 조반장들이 추진하고 있는 안전활동 상황을 소개하고 자신의 의견을 제시함으로써 자연스럽게 유익한 정보가 공유될 수 있었다. 이는 안전활동을 시행하면서 미흡한 사항을 보다 효과적으로 개선하는 순기능을 가져왔다. 이 활동을 지속하면서 관리자의 눈높이가 향상되는 효과도 함께 거두고 있다고 생각한다.

# 현장중심의 안전활동

## 현장 안전관리의 중요성

안전관리 활동을 가장 필요로 하는 곳이 현장이다. 현장이야 말로 위험요소가 가장 많고 또 가장 많은 인력이 활동하고 있어 사고의 개연성이 그만큼 높다. 일반적으로 현장에서는 생산량이나 품질을 우선하는데 우리는 그에 앞서 현장의 안전을 최우선하고 있다.

당사도 처음에는 생산량과 품질을 우선했었다. 아무리 안전이 중요하다고 해도 당장 고객이 물량을 재촉하고 납기 클레임을 제기하는 상황이 되면 비용 면에서 큰 부담이 아닐 수 없다. 솔직히 이점에 대해서는 필자도 헷갈릴 때가 있었다. 안전을 강조하지만 과연 생산량보다 중요할까 하는 고민은 후술할 2015년 염소가스 누출사고를 겪으면서 풀게 되었다.

이 사고를 계기로 그동안 강조했던 '안전 우선'을 말로만 해온 것

같다는 생각이 들었다. 사고 발생 후 회사는 사고 수습에 힘을 쏟느라 모든 활동의 동력을 잃어버리고 한동안 정체에 빠져들었다. '안전을 잃으면 모든 걸 잃는구나' 비로소 안전을 우선해 온 필자의 생각이 틀리지 않다는 것을 확신하게 되었다. 지금 생각해도 아찔하기만 한 그런 사고의 경험을 하지 않고도 그 전에 깨달을 수 있었다면 얼마나 좋았을까? 하지만 이러한 재인식의 기회를 얻었으니 그나마 다행인지 모른다. 여기서 우리는 안전 따로, 제조 따로가 아닌 하나의 덩어리로 인식하는 개념을 가져야 한다.

모든 안전사고는 사전 활동으로 예방할 수 있다. 하지만 그 사전 활동을 어떻게 인식하느냐가 중요하다. '안전이 중요하다', '일하기 전에 안전에 대해 관심을 가지고 조심하자' 하는 정도의 단순한 인식만으로는 결코 사고를 예방할 수 없다. 회사의 실정과 업의 특성에 맞는 안전 시스템과 프로세스, 교육 프로그램을 잘 마련하고 '제조와 안전이 따로'가 아닌 하나라고 생각하고 그 틀에 맞춰 철저하게 꾸준히 실천하는 자세가 무엇보다 필요하다고 생각한다.

## 현장사원 안전 패트롤

우리 회사는 안전의식을 가일층 고취시키기 위해 안전문구 시인화에 이어 2019년 현장 안전 패트롤 제도를 도입했다.

이 제도는 전사 2명의 안전전담자를 정해 '안전지킴이'라는 완장을 차고 현장을 순찰하는 활동이다. 순찰 중 불안전 상태나 행동이 발견되면 지적하고 개선을 실시하며 잘 지켜지고 있는 부분에 대해서는 칭찬함으로써 안전행동을 고무한다.

이 제도는 현장 전체를 패트롤하여 위험요소를 직접 확인하고 기록하여 관리자에게 전달함으로써 관리자와 사원까지 안전 책임 의식을 갖도록 하는데 효과를 거두고 있다.

## 현장사원 안전 패트롤

**프로세스**  ① 안전전담자(안전관리자) 완장 착용(안전지킴이)
② 매 시간별 2명 현장 패트롤 실시
③ 불안전 상태 및 행동 지적, 개선 실시
④ 현장 내 잘 지켜지고 있는 부분 칭찬

### 활동사례

**안전지킴이 설비위험 포인트 점검 모습**
(현장의 안전 체크리스트를 활용하여
위험요소 발견 및 개선점 도출)

## 신입사원 식별 관리

2018년에 사고 3건이 잇달아 발생했는데, 사고를 분석한 결과 피해자 3명이 모두 입사 6개월 이내의 신입사원이라는 사실이 밝혀졌다. 신입사원들을 대상으로 교육훈련 프로세스에 의거해 입문교육과 특별 안전교육을 꾸준히 실시해 왔지만 이 사고 분석 결과를 보고 나서 기존 시스템과 프로세스에 신입사원에 대한 보완이 필요하다는 생각을 하게 되었다.

안전을 제일의 가치로 삼아 장기적이고 지속적으로 전개해가는 안전문화 전파 활동은 다소 시간이 걸리기 때문에 무엇보다 아직 현장 상황에 익숙하지 않은 신입사원에 대해서는 별도의 새로운 방법을 적용할 필요가 있었다. 그래서 시행하게 된 것이 신입사원 식별 관리이다. 즉 현장내 신입사원 복장을 가시화를 하고, 그들에 대한 집중 모니터링을 통해 사고를 예방하려는 것이다.

현장에서 같은 옷을 입고 있으면 누가 신입사원인지 알 수 없어 행동 자체에 문제가 있는지 사고의 위험성이 있는 행동을 하는지 모니터링하기 어렵다. 동시에 많은 인력을 채용했을 경우에는 더욱 구분하기가 어려워 특별히 관심을 가지고 관리할 필요가 있으나 다 같은 유니폼을 입고 있어 알아보기가 어렵다. 그래서 당사는 2019년부터 신입사원을 대상으로 현장 배치 전에 특별 안전교육을 실시하고 배치 후에도 특별 관리는 물론 6개월 동안 기존 사원과 뚜렷이 구별

되는 주황색 방진모를 착용하도록 해 누가 봐도 신입사원임을 한눈에 식별할 수 있게 하고 있다.

　이렇게 색을 구분함으로써 현장에서의 모니터링과 피드백이 쉬워졌다. 자연히 주변 선배 사원들의 관심도 높아지고 1:1 멘토를 통해 작업뿐만 아니라 회사가 진행하는 안전활동 전반에 걸쳐 도움을 주게 되어 빠른 시간 내에 적응할 수 있게 하고 있다.

## 신입사원 식별 관리

**도입목적**　현장 내 신입사원의 가시화 및 집중 관리로 안전사고 예방

**프로세스**　① 신입사원 특별안전교육 실시
　　　　　　② 현장 배치 후 신입사원 특별 관리
　　　　　　③ 주황색 방진모 착용을 통한 가시화(6개월)

**활동사례**

신입사원 클린복　　　　　　　6개월 후 클린복

## 생산설비 약품사고 예방

당사 생산공정의 특성상 약품에 의한 사고 발생 가능성이<sub>발생되면 큰</sub> <sub>사고가 될 가능성이 크다</sub> 높기 때문에 불안전한 상태에 대한 개선을 꾸준히 진행하고 있다. 그럼에도 불구하고 현장에서 약품 누출 사고가 발생한다면 외부로의 비산을 차단하여 궁극적으로 인사 사고를 방지해야 하며, 설비운전 및 유지보수 시 약품 배관 파손 등에 의한 2차 안전사고도 예방해야 한다.

이를 위해 2017년부터 각 약품 사용 설비의 밸브, 필터, 펌프, 압력계, 배관연결부 등에 비산방지용 비닐 커튼 및 보호 커버를 장착하여, 혹시라도 공정 내에 비산하는 문제가 발생하더라도 사람에 영향을 주지 않도록 하였고 주기적으로 공무, 환경, 안전, 설비부서 등에서 점검 및 관리하고 있다.

또 현장에는 설비마다 크고 작은 약품 탱크<sub>약품을 재사용하기 위한 순환 필터</sub> <sub>기능</sub>가 많이 사용되고 있다. 공정마다 사용하는 약품은 원활하게 유동<sub>흐르도록</sub>되도록 일정한 압력을 가해 분사함으로써 제품을 식각(蝕刻)하거나 도금을 하기도 한다. 이렇게 순환하여 사용하는 약품은 사용할수록 이물질이 많이 함유되어 마이크로 필터로 걸러내는데 필터를 통과할 때도 많은 압력이 가해지게 된다. 이런 작업 과정에서 문제가 발생하면 크고 작은 Filter Housing이 터지게 되는데 이때 가해진 압력으로 약품이 비산하여 인체에 치명적인 사고로 이어질 수 있다.

이를 예방하기 위해 기존 플라스틱 Filter Housing은 몇 배의 압력에도 깨지지 않는 철제로 바꾸고 다시 외부에 투명 아크릴을 씌워 사고가 발생하더라도 1차에서 피해를 최소화할 수 있게 했다.

또 약품을 유동하는 배관은 이중으로 하여 내부에 문제가 생겨도 외부의 배관에서 관리되도록 하고 있으며 그래도 부족한 곳에는 투명 비닐을 덧대 어떠한 경우에도 사람이 피해를 입지 않도록 개선

## 생산설비 약품사고 예방

**도입목적**  설비 운전 및 유지 시 약품 배관 파손 등에 의한 2차 안전사고 예방

**설치장소**  설비 약품 사용 개소, Valve, Filter, Pump, 압력계, 배관연결부

### 개선사례

투명 파티션 설치(2차 비산방지)

했다. 또한 설비담당자가 배관을 점검할 때도 발생할 수 있는 비산 사고를 예방하고자 보안경 착용을 의무화하고 탐침봉을 이용해서 점검하고 있다.

## 약품혼입 및 비산방지

많은 종류의 약품을 사용함에 따라 약품 펌핑<sub>외부에서 반입한 약품을 사내 공정에 사용하도록 이관하는</sub> 작업 시에 약품이 혼입되어 발생할 수 있는 안전사고의 위험이 있어 이를 예방하기 위한 시스템 마련이 필요했다. 그리하여 2017년 약품 투입 시의 문제를 색상과 소켓 형태를 구분하여 해결할 수 있었다.

사내에 반입된 약품은 종류별로 유틸리티동의 탱크에 투입되는데 이때 잘못 투입하여 약품이 섞이게 되면 화학반응으로 인해 안전사고가 발생할 수 있다. 따라서 어떠한 경우라도 약품의 투입구는 풀 프루프<sub>Fool Proof</sub>가 되어야 한다. 우리 회사의 약품 혼입 방지 시스템도 이 개념에 따라 개선되었다. 약품의 공급 소켓 출구와 투입하는 소켓입구를 약품의 종류별로 형태와 색상을 다르게 하는 것은 물론 바코드 인식 시스템을 도입해 어떠한 경우라도 혼입되는 경우가 없도록 한 것이다.

한편 약품 비산 사고 발생 시 이로 인한 2차 사고로의 확산을 방지하고 안전한 근로환경을 조성하기 위해 2018년 비산 방지 대책을 마련했다. 우선 펌핑 호스/배관 앞에 투명 아크릴 커버를 설치했으며 펌핑기 하부에는 누출 방지턱<sup>탱크 내의 약품이 전부 쏟아져도 외부로 넘쳐 유출되지 않도록 턱을 만들었다</sup>을 설치했다. 또한 배관연결부에 약품 누액 감응 테이프를 부착<sup>회사의 모든 배관의 연결된 곳에는 누액 감응테이프를 부착하여 관리하고 있다</sup>하여 누액 발생 시

마련했다. 우선 펌핑 호스/배관 앞에 투명 아크릴 커버를 설치했으
며 펌핑기 하부에는 누출 방지턱<sup>탱크 내의 약품이 전부 쏟아져도 외부로 넘쳐 유출되지 않도</sup>
록 턱을 만들었다<sup></sup>을 설치했다. 또한 배관연결부에 약품 누액 감응 테이프를
부착<sup>회사의 모든 배관의 연결된 곳에는 누액 감응테이프를 부착하여 관리하고 있다</sup>하여 누액 발생 시

## 약품혼입 및 비산방지

**개선테마**    화학물질 혼입방지 색상 소켓 적용
            ① 약품별 펌핑 호스 소켓(암수) 체결부 차별화(6종)
            ② 바코드 시스템 적용 : 약품 충진 시 바코드 활용, 개별의 약품명 일치 확인 후 펌프 작동
            ③ 작업량 한도 지정(작업표준화)

**개선사례**    화학물질이 잘못 주입되어 타 물질과 혼합이 되면 화학반응에 의한 화학사고가 발생할 가능성이 있고, 이를 예방하기 위하여 화학물질별 소켓의 색깔, 체결부의 모양, 사이즈를 구분하여 약품 혼합 주입에 의한 사고를 예방하였음

### 당사 적용 소켓의 종류

위의 사진과 같이 당사의 약품주입 종류는 총 6가지로 체결 소켓 각각의 Size(구경, 길이)와 모양을 차별화하였으며, 시각적으로도 색깔을 구분하여 약품 혼입 사고 가능성을 원천적으로 차단하였다.

산/알칼리 반응에 의한 색상 변화를 눈으로 확인할 수 있게 했다.

이로써 펌핑 진행 시 배관 파손에 의한 약품 비산이 방지되어 작업자의 안전을 확보할 수 있게 되었으며 바닥에 누출된 약품의 비산을 막아 2차 피해도 예방할 수 있게 되었다.

## TBM 위험예지활동

당사에서는 2019년부터 현장 업무 시작전에 TBM Tool Box Meeting, 위험예지활동 및 PI Pre Inspection, 설비 점검 전 안전활동를 통해 작업 방법과 문제점을 토론하고 서로의 건강 상태를 확인하는 등 작업 시 발생할 수 있는 사고 예방에 만전을 기하고 있다.

이 활동 중 TBM의 목적은 작업자가 사고를 일으킬 수 있는 불안전한 행동을 스스로 인지하고 자발적으로 그 위험 요인을 제거하도록 하여 안전의식을 높이는데 있다.

이를 위한 활동은 스트레칭 → 안전구호 → 현장 상태 확인 → 위험요소 확인 → 지적확인 순으로 진행된다.

한편 PI의 목적은 관리감독자가 설비점검 전 위험감수성 활동을 통해 안전사고를 방지하는데 있으며, 중앙제어실 집합 → 점검활동 계획 수립 → 위험예지활동 → 안전구호 제창 → 서명부 작성 순으로 활동이 진행된다.

이 활동들은 현장 작업자로 하여금 작업 중 발생할 수 있는 문제

위험예지활동(위험요소 확인, 안전작업 확인) 후 안전구호를 외치며 안전을 다짐하는 모습

점을 사전에 인지하도록 하여 사고를 예방하는 중요한 역할을 하고 있다. 또한 베테랑 사원과 신입사원 간의 토론과 소통을 통해 자연스러운 노하우 전수 및 안전대책을 강구하게 함으로써 업무 효율 향상은 물론 위험감수성도 제고하고 있다.

## 전기시설 안전진단

당사는 전기 화재사고 및 정전 사고를 미연에 방지하기 위해 2016년부터 매년 전문기관의 협조를 얻어 사업장 내 전기시설물들에 대한 안전진단을 실시하고 문제점이 발견되면 개선해 나가고 있다. 주요 측정 항목은 외관 점검과 전원 품질 분석, 고압 및 저압 누설전류 측정, 접지저항 및 절연내력 측정 등이다.

이러한 외부 안전진단과 더불어 사내 자체적으로도 전기로 인한 문제를 사전에 발견해 개선하기 위하여 열화상 카메라로 전선의 부식상태와 피복상태 등을 점검하고, 쥐와 같은 동물에 의한 훼손까지 철저히 파악하고 있다당사가 사용하는 고압전기는 사고가 발생하면 대형사고로 이어질 확률이 높음. 3년간 약 30건의 전선 피복 문제 해결 및 발열 체크를 통해 문제를 예방할 수 있게 되었고 결과적으로 전기로 인한 화재를 예방하는 효과가 있었다고 생각한다.

## 전기시설 안전진단

**시행주기**  연 1회

**관련법규**  전기안전관리법

**프로세스**  업무협의 → 진단 → 데이터 분석 → 보고서 작성/제출 → 개선 & 보수

**측정항목**  - 외관 점검, 전원품질 분석, 고/저압 누설 전류 & 접지저항 & 절연내력 측정
　　　　　　- 열화상 측정(고/저압)

**활동사례**

| 열화상 온도 측정 | 전력기기 정상작동 점검 | 비상발전기 점검 모습 |
|---|---|---|

# 리더의 의지와 솔선수범이
## 안전의 성패를 가른다

사고는 일어나지 않도록 예방하는 것이 제일 좋다. 하지만 이런 우리의 바람을 저버리고
언제든지 일어날 수 있는 것이 사고다. 그래서 항상 사고 발생의 가능성을 열어 두고
즉각 이에 대응할 수 있는 인프라와 시스템을 갖추고 제대로 운영해야 한다.
특히 주간에는 많은 사원들이 근무를 하기 때문에 사고가 발생해도 즉각 전달하는데
큰 문제가 없으나 주말이나 휴일에 사고가 생긴다면 사정이 다르다.
이를 위해 사내 경영진과 관련자, 소방서에 즉시 전달하고 대응할 수 있는 인프라 체계를
구축할 필요가 있다. 이번 챕터에서는 당사의 재해예방 안전, 소방, 방재 인프라 구축
사례를 소개한다.

# 재해예방 인프라

안전의식을 올리는데 꼭 필요한 것이 기준이고 룰이다.
기본적인 룰은 지킬 수 있는 수준으로 만들고 만들어진 룰은
반드시 지키도록 해야 한다. 이 기준을 반복해 교육함으로써
안전에 대한 의식을 제고할 수 있고 사고도 예방할 수 있다.

# 안전·소방·방재

## 안전종합게시판

2018년 회사의 최우선 목표인 안전한 사업장 구축과 무재해 1,000만 시간 달성을 위해 회사 출입문 부근에 안전종합게시판을 설치했다. 보안실을 거쳐 출입문으로 들어오면 사내에 사람들이 반드시 거쳐가는 횡단보도가 있는데 이 횡단보도를 건너기 전에 잠시라도 기다리는 동안 볼 수 있도록 한 것이다.

이 게시판의 주요 게시정보는 우리의 안전 목표대비 실적을 일일 단위로 알 수 있도록 게시하고, 사내 무재해 일수 및 무재해 현황을 기록 및 관리하며, 24시간 안전 홍보 동영상과 다양한 안전관련 캠페인 영상을 송출하고 있다. 또한 안전 행사 홍보 및 전달사항을 전파하는 기능을 함으로써 모든 임직원의 안전의식 향상을 제고하고 있다.

무재해 목표시간 및 현재 달성시간을 표시
(임직원들에게 안전에 대한 목표 의식 고취)

기본안전수칙 동영상 및 사외 사고사례,
안전교육, 안전행사 등

이런 상황판은 어떤 형태이든 회사에서 경영진의 안전에 대한 의지를 보여주기 위한 것으로 중요한 상징적인 역할을 하고 있다고 보며 안전종합 게시판은 형태는 달라도 운용을 권하고 싶다.

## 지게차 안전 운전작업

당사는 지게차를 많이 사용하지는 않지만 건물 밖에서 부품 입고와 제품 출하 시 등에 사용한다. 2017년에는 지게차 안전사고를 예방하기 위해 작업 인프라를 개선했는데, 지게차 작업구역을 별도로 구분하고 안전작업을 위한 인프라공간적/시간적 구분, 시각/청각 안전장치 등를 구축하여 발생 가능한 안전사고를 예방할 수 있게 했다. 이를 통해 지게차와 사람을 완전 분리함으로써 안전사고 자체의 가능성을 제로화 하고자 하였다. 또한 지게차 내에도 GPS, 카메라 등 방호장치를 설치해 운전자의 안전도 도모하도록 했다.

기업의 지게차 사고 소식<sup>지게차 사고는 사망확률이 높다</sup>이 심심찮게 보도되고 있는데 안전 확보를 위해 현장 개선에 힘쓴다고 하는데도 사고가 지속적으로 이어지는 이유는 무엇일까?

우선 지게차 작업은 동선의 확보가 어렵다. 매번 일하는 장소와 움직이는 동선이 다르기 때문에 늘 새로운 장소에서 일하는 것이나 다름없다. 그래서 지게차가 움직이는 작업구역을 정하고 지게차 작업시간에는 작업구역 안으로 사람들이 이동하지 못하도록 차단시켰다. 운전자에게 후면이 보이도록 하는 것은 물론 지게차에 센서를 부착해 사람이 접근하면 소리가 나도록 했다. 비단 지게차만의 문제가 아니다. 하나를 개선하더라도 문제를 다각도로 살펴서 근본적인 해결책이 되도록 함으로써 유사하거나 같은 문제가 재발되지 않도록 해야 한다.

그럼에도 문제가 발생한다면 결국 사람의 의식문제이기 때문에 안전의식 제고 활동을 할 것을 제안한다. 안전의식을 올리는데 꼭 필요한 것이 기준이고 룰이다. 기본적인 룰은 지킬 수 있는 수준으로 만들고 만들어진 룰은 반드시 지키도록 해야 한다. 이 기준을 반복해 교육함으로써 안전에 대한 의식을 제고할 수 있고 사고도 예방할 수 있다고 믿는다.

우리는 보통 큰 사고가 나고 나서야 안전을 찾기 시작한다. 사고가 발생한 뒤에는 아무리 후회해도 늦다. 사후 대책이 수립되기는

### 공간적(도로)

지게차 전용 통행로 지정

보행로와 지게차의 통로 구분

### 시간적(작업시간)

지게차 작업시간 표기

작업시간에는 차량의 출입 통제

### 시각, 청각(작업방법)

접근 금지 표시

속도 제한(20km) GPS

지게차 이동 시 경광등과 함께 "지게차가 지나갑니다. 조심하세요" 메시지가 지속적으로 방송된다

지게차 이동로 셔터에 지게차 주의 표기

하지만 이미 사고를 당한 가족의 한은 누가 풀 수 있는가? 따라서 우리는 1:29:300이라는 하인리히 법칙에서 300에 해당하는 부분을 사고라고 정의하고 대책을 수립할 필요가 있다. 29에 접어들면 이미 늦다. 1은 사업을 포기해야 하는 수준일 것이다.

## 사내 전용 보행로 운영

사내에 많은 차량이 다니는 회사는 아니지만 회사가 작다고 하더라도 통행의 기준은 있어야 한다. 그래서 사내 주요 도로에서의 충돌과 같은 안전사고를 예방하기 위해, 2017년부터 3년에 걸쳐 사내 도로에 있는 차도와 보행로, 지게차 동선을 분리해 구획했다.

메인 도로의 보행로는 폭 3미터, 승용차 전용 일방도로는 폭 4미터, 지게차로는 폭 3미터 등으로 구획하고 납품·공사·폐기물 차량

### 사내 전용 보행로 운영

| 사내 도로 구분을 통한 안전(충돌)사고 예방<br>(보행자 통행, 차량 출입금지) | 보행로, 안전행동이 필요한 지역에 시각화<br>(보행 중 스마트폰 사용 금지) |
| --- | --- |
|  |   |

이 다니는 건물 사이 도로는 양방향 운행이 가능하도록 했다.

이와 같이 차도, 보행로, 지게차로를 구획하고 인프라를 개선한 다음 사원들이 이를 준수하도록 했다. 이렇게 함으로써 사내에서의 경미한 교통사고도 근본적으로 예방할 수 있게 되었다. 아울러 전용 보행로 확보 및 지적 확인 활성화를 통해 기본 안전수칙 준수 등 사원들의 안전의식도 자연스럽게 제고되었다.

## 정전 시 긴급 복구 시스템

당사는 화학약품을 많이 사용하는 기업으로 현장에서 사용한 약품은 배기 시스템을 이용해 상시 배출하고 있는데 이 시스템의 가동이 중단되면 많은 문제가 발생한다.

시스템 가동 중단의 원인 중 하나가 정전이다. 사내 전력공급 시스템을 아무리 철저히 관리해도 회사 인근에서 벌이는 공사나 태풍, 낙뢰, 송전상의 문제 등 예기치 못한 외부 원인으로 정전이 발생하기도 한다. 정전이 되면 배기 시스템이 다운되고 현장에 많은 Fume이 발생해 사원들이 긴급 대피해야 하는 등 안전에 위협이 된다.

이에 당사는 비상발전기 자동전력 공급시설은 물론 긴급 복구 프로세스를 구축해 정전 시 신속 대응을 통해 2차 안전사고를 방지하여 물적·인적 피해를 최소화하고 있다.

예를 들어 사외 정전이 발생하면 전기실 내 모든 차단기가 정지

되며 자동으로 비상발전기가 가동되어 현장의 배기의 가동이 유지
되도록 한다. 이어 필요 구역에 차단기를 순차적으로 켠 후 원인을
파악해 복전復電을 시행한다. 구내 정전 발생 시에는 정전 발생 구역
을 순차적으로 확인해 원인을 파악한 뒤 복전을 시행하며 대책과
개선을 추진한다. 현장에서 대피한 사원들이 현장에 다시 진입하기
전에는 반드시 현장 GAS 측정 후 이상이 없을 시 재진입 하도록 관
리하고 있다.

이러한 활동은 정전에 따른 생산 차질을 최소화하기 위한 목적
도 있지만 무엇보다 Fume 발생으로 인한 현장 사원들의 안전을 담
보하기 위한 것이다.

## 정전 시 긴급 복구 프로세스

| 구분 | 프로세스 | 비상전력 공급 |
|---|---|---|
| 공통 | ① Main Incoming 통전표시기 확인<br>② 방재실 통보<br>③ 비상연락망 가동 | 비상발전기(500kw)<br>자동전력공급 시설<br><br>• 배기라인<br>• 전등라인<br>• 소방라인<br>　(소방설비, 비상펌프) |
| 사외 정전 발생 시 | ④ 전기실 내 모든 차단기 OFF<br>⑤ 비상발전기 가동<br>⑥ 필요구역 차단기 순차적 ON<br>⑦ 한전 원인 파악<br>⑧ 복전 | |
| 구내 정전 발생 시 | ④ 정전 발생구역 순차적 확인<br>⑤ 발생구역 정전 확인 시 원인 파악 복구<br>⑥ 복전<br>⑦ 대책/개선 실시 | |

# 환경·방재 통합센터 운영

생산에 필요한 설비가 정상적으로 작동되고 필요시설을 효율적으로 운영하기 위해 유사분야 운영실(환경제어실, 방재센터)의 근무자를 통합해 운영하고 있다. 근무 인원은 관리자 3명을 포함해 교대근무자 20

## 환경·방재 통합센터 운영

| 환경 | 방재 |
|---|---|
| • 환경시설(수질, 대기) 운영<br>　: 수처리시설, 대기방지시설, 재활용시설,<br>　악취 저감시설<br>• 오염물질 처리시험 및 TOC 자가분석 운영<br>• 환경시설물 유지보수, 개선<br>• 수질, 대기 분야 클린룸 현장 대응<br>• 유해화학물질 사고 발생 시 1차 대응 | • 소방수신기 운용 및 유지보수<br>• 소방설비/안전시설 유지보수<br>• 임직원 소방교육 및 합동소방훈련 진행<br>• CCTV 운용(210개) : 화재/약품/출입 감시<br>• 환자 발생 시 이송 및 현장조치<br>• 동절기 사내 전 지역 제설작업<br>• 비상상황 발생 시 1차 대응 및 보고/전파 |

## 구축사례

소방/안전 모니터링　　• 안전/소방 : CCTV, 화학가스 감지 등
　　　　　　　　　　　• 환경 : 폐수처리시설, 대기방지시설, 누액감지센서 등

소방시설 모니터링

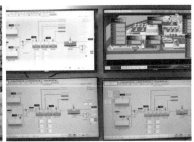

환경시설 모니터링

명 근무조별 5명으로 구성되어 있다.

업무는 환경분야와 방재분야로 나눠 수행하고 있다. 환경분야의 주요 업무는 관련 시설수질, 대기 관리와 유지보수 및 개선, 관련 클린룸 환경시설 대응, 유해화학물질 사고 발생 시 1차 대응 및 보고·전파 등이다. 방재분야의 주요 업무는 제반 소방안전시설의 운용 및 유지보수, 관련 교육 실시, 환자 발생 시 현장 조치, 비상상황 발생 시 1차 대응 및 보고·전파 등이다.

통합센터 운영으로 통합 전 감시 2명, 패트롤 3명이던 것이 통합 후 감시 1명, 패트롤 4명으로 합리화되어 업무의 효율을 높였으며, 통합 모니터링 기능과 신고전화 운영에 따른 Patrol & Monitoring 강화 효과도 거두게 되었다. 또한 환경·방재 분야 직무 관련 기술이 공유됨에 따라 관련 인력들의 업무능력 제고에도 도움이 되었다.

## 가연성가스 농도 모니터링

기술의 발전과 생산품목의 고기능화에 따라 사용되는 가스의 종류와 양도 늘어나고 있다.

당사 약품 중에는 건조하면서 발생하는 가스도 있어 이를 관리하기 위해 방재센터와 현장관리자 자리에 모니터를 설치하여 혹시 모를 가연성가스 발생에 따른 농도 모니터링을 실시하고 있다. 가스 사고 발생 시에는 대형 사고로 이어질 가능성이 크기 때문에 발생

전에 철저하게 예방하는 것이 무엇보다 중요하다.

이러한 사고를 예방하기 위하여 위험물 건조기 내의 가연성가스 체류 상태를 상시 확인함으로써 화재 및 폭발 요인을 사전에 모니터링하여 이상 징후를 포착하여 예방하도록 하고 있다.

## 가연성가스 농도 모니터링

**도입목적**  인화성 액체 사용 공정의 가스 체류와 건조로 실내 온도 상승에 의한 화재 예방

**설치현황**  가스센서 → 경광등 → 가스농도 모니터링

### 구축사례

유기가스 모니터링 시스템

# 질식사고예방 산소농도센서 구축

당사는 화재의 종류에 따라 여러가지 소화방법을 도입 및 운영하고 있다. 그중 전기실의 경우 $CO_2$ 소화방법을 채택하였는데, 누출 시 주변 근로자에게 큰 피해를 줄 수 있다. 따라서 가스계 소화 설비가 설치된 지역에 근무하는 사원들을 위한 사전 안전장치가 필요하다. 이를 개선하고자 공장동 전기실 외 7개소에 질식사고 예방 센서를 설치했다. 이 예방 센서는 해당 지역의 산소 농도 수치를 시각화하고 기준치 아래로 떨어지면 알람이 울리는 구조로 안전사고 예방에 기여하고 있다.

## 산소농도센서 구축

**도입목적**    산소 농도를 상시 측정하여 외부에서 현장 산소를 확인하게 하여 질식사고 예방

**설치현황**    $CO_2$실, 전기실, 발전기실

**구축사례**

전기실, CO2실 출입구에 산소 농도 디스플레이

전기실, CO2실 등 내부 산소 농도 센서

# 공기호흡기 비치

　생산 현장의 클린룸 출입구에는 공기호흡기를 비치해 화재사고 발생 시 안전한 피난 및 인명 구조에 활용할 수 있게 했다. 공기호흡기 비치로 자위 소방능력이 강화되어 초기 화재를 효과적으로 진압할 수 있게 되었으며 인명구조에도 큰 도움을 얻게 되었다.

## 공기호흡기 비치

**도입목적**　가스계 소화설비 설치 지역 및 밀폐 장소 등의 비상상황 발생 시 인명 구조

**보관용품**　전기실 전면 및 방재함 내부 등, 공기호흡기(30분용) 및 보조마스크
　　　　　　※ 현장 출입구의 경우 방열복 일체 추가 비치

**설치사례**　전기실, 화학물질 저장, 보관시설 주변에 산소호흡기 및 방화복을 비치하여 화재 및 화학사고 발생 시 착용하여 인명구조를 진행

## 비상조명과 피난유도선

당사의 생산제품은 외부 이물에 매우 취약하기 때문에 모든 생산 현장은 외부와 차단되어 있고 현장에 공급되는 공기 또한 필터로 여과해 사용하고 있다.

평소에는 조명이 있어 현장 내부는 밝지만, 정전이 되면 비상조명이 있어도 현장은 매우 어둡다. 이러한 상황에서 대피할 때의 사고예방을 위해 비상시_정전_ 근로자들의 피난 동선을 따라 비상조명과 피난유도선을 추가로 설치했다.

비상조명은 총 416개로 법적 요구 기준인 182개를 두 배 이상 상회하는데 이는 현장·일반 근로자들의 보다 안전한 피난 환경을 조성하기 위한 노력의 일환이었다. 그리고 클린룸 전층 천장에 비상시

### 비상조명과 피난유도선

정전이 되면 비상조명등이 자동 켜짐
(작업자가 안전하게 대피할 수 있음)

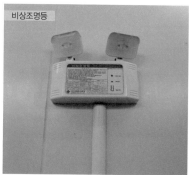

비상조명등

정전 시 천정과 벽면에 부착된 피난유도선
(자체 발광으로 유도선을 따라 대피)

피난유도선

에 최단거리 비상문을 찾아갈 수 있도록 피난유도선을 구축했다. 이 유도선이 복잡한 클린룸 내에서 대피 시 최단시간 내 대피할 수 있도록 하는 등대와 같은 역할을 한다.

## AED 및 구조용 손수건 비치

어떠한 경우라도 인명 피해와 화재 사고는 발생하지 않도록 하는 것이 최선책이겠지만 인명사고가 발생하는 경우도 가정해 보아야 한다. 그럴 경우 필요한 것이 AED제세동기로 회사 각 건물 입구에 비치해 사내 심정지 환자 발생 시 활용하도록 했다. 또한 구비만 하고 사용하는 방법을 몰라 무용지물이 되지 않도록 연 1회씩 전 사원을 대상으로 제세동기 사용법 실습 교육을 실시해 해당 응급환자 발생 시 신속한 대처가 가능하도록 하고 있다.

그리고 구조용 손수건은 사내 전 지역 151개소피난동선상에 화재 발생으로 인한 피난 시 호흡기를 보호할 수 있도록 습식 손수건을 비치했다. 이는 화재 발생 시 유독가스로 인한 질식사고를 예방하고 현장 근로자의 원활한 대피에 도움을 주려는 조치이다. 이 손수건은 사용 기한이 정해져 있는데 유효기한이 얼마 남지 않은 손수건은 사내 훈련 시 사용할 수 있도록 하고 있다.

### AED(제세동기)

심정지 등 응급상황 발생에 대
비하여 각 건물 출입구와 클린
룸 내부 이동로에 AED를 설치

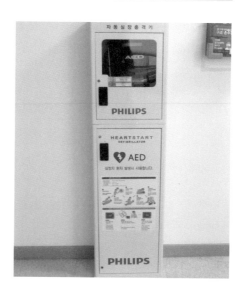

### 구조용 손수건

화재로 인한 피난 시 연기에 의
한 질식을 예방하기 위하여 구
조 손수건을 각 피난로에 설치
(정전에 대비하여 주변에 야광
테이프 부착)

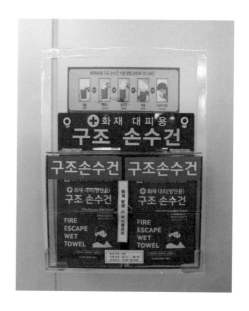

## 옥외 탈출 비상계단 구축

클린룸 내에 근무하는 사원들이 가스 누출 등 비상상황 발생 시 활용할 수 있도록 옥외 비상계단을 구축했다. 초기 건물 신축 시에는 없었지만 안전을 위하여 추가 설치한 것으로 이를 통해 건물 내에서 근무하는 사원들의 신속한 외부 피난을 가능하게 하여 근로자 피해 확산을 사전에 방지하고 있다.

**도입목적**　비상상황(가스누출, 정전 등) 발생 시 탈출이 가능한 피난로 확보

**설치현황**　1공장동 장비 반입구(2층, 3층)

**구축사례**

# 02

# 화학물질 사고예방

## 탱크로리 비상부스 설치

2015년 탱크로리 차량으로 폐액 이송작업을 하던 중 염소가스가 누출되었는데 급기구를 통해 가스가 현장으로 유입되어 사원들이 대피하는 사고가 발생했다. 당시 조금이라도 염소가스를 흡입한 사람은 모두 병원에 가서 진단을 받도록 했는데 이 과정에서 가스 누출 사실이 언론에 알려져 질타를 받기도 했다.

이 사고를 겪으면서 아무리 안전하다고 생각했던 부분에도 사고 발생의 위험이 도사리고 있다는 사실을 다시 한번 깨달았다. 이 사고 발생 대책으로 약품 공급 및 폐액반출 시 사용할 비상부스 설치를 구상하게 되었다. 실내가 아닌 외부 작업이라도 가스가 누출되면 위험할 수 있기 때문에 동일한 사고 발생을 가정하고 누출된 가스가 유입되어 2차 피해가 발생하지 않도록 비상부스를 설치하였다.

그리하여 회사 내 약품을 건물 안으로 반입하거나 반출하는 장소에는 비상부스를 만들어 탱크로리 차량이 이 부스 안으로 들어가도록 했다. 차량이 들어오면 비상부스를 밀폐한 뒤 전용 스크러버Scrubber를 가동해 배기를 하면서 탱크로리 상하역을 진행하고, 이 과정에서 포집된 가스는 처리 후 대기로 배출했다. 그리고 비상부스 내 작업자는 반드시 보호구를 착용하도록 했다.

2015년 1공장동 탱크로리 상하역장에 비상부스를 설치했고, 이후 신축한 2공장동과 I동 상하역장에도 비상부스를 설치해 동일한

## 탱크로리 비상부스 설치

### 프로세스(비상부스 내부에서 작업자는 반드시 보호구 착용)

탱크로리 차량 비상부스 진입 → 비상부스 밀폐(셔터 Close) → 전용 스크러버 가동(배기) → 탱크로리 상하역 진행

### 구축사례

- 비상부스에 탱크로리 차량이 입고되면 셔터가 닫히고 비상부스 전용 Scrubber가 작동이 된다.
- 탱크로리 상하역 과정에서 발생될 수 있는 가스는 Scrubber에서 포집하여 세정 후 대기로 배출된다.

비상부스

비상부스 전용 Scrubber(세정시설)

사고가 재발하지 않도록 했다.

## 화학물질 이중화 배관

염소가스 누출 사고 당시 염소 성분이 현장에 유입되면서 생산이 중단되고 고객사 임원이 공급 문제를 확인하기 위해 회사를 방문했다. 그때 고객사 임원이 현장을 점검하면서 약품 공급 중 배관에서 누출이 발생하더라도 이 약품이 넘쳐서 밖으로 나가지 않도록 이중화 배관 설치를 제안했다.

필자는 이 조치가 반드시 필요하다고 판단해 예산이 없음에도 불구하고 별도 예산을 확보하여 개선을 추진했다. 당시 우리 현장의 약품 저장탱크에서 클린룸 구간을 잇는 배관은 화학물질 배관 HT PVC로 충격과 경화에 취약해 누출 위험을 안고 있었다. 소켓 등 배관 연결 부위에서도 누액 가능 포인트가 여럿 발견되었다.

그리고 평소 약품 공급이 이뤄지는 지하구간Access Flow은 점검에도 애로가 있었다. 지하A/F 하부나 덕트 샤프트 배관을 점검할 때 연결 부위를 일일이 살펴야 했는데 공간 구조상 작업이 쉽지 않았다. 이런 실정을 개선하기 위해 건욕실부터 생산 현장까지 소켓, 연결부위 없이 하나의 관으로 연결하는 이중화 배관을 설치함으로써 점검 포인트가 줄어들었고 점검 시 충돌 등 안전 위험도와 화학물질의 누출 위험이 현저히 감소했다는 점에서 많은 기업에 추천하고 싶다.

이처럼 안전에 관련되는 것은 무엇보다 먼저 투자하고 개선함으로써 오늘날 회사의 안전문화가 이뤄진 것이 아닌가 생각한다.

## 이중화 배관 설치

**프로세스**    내부(PFA), 외부(PVC)

**구축효과**    이중화 배관으로 외부 누출 우려 없음, 누액 포인트 및 배관이상 점검 용이

**구축사례**

약품 공급 Line 이중화 배관

외부 PVC
내부 PFA

실내 설비 이중화 배관

## 누액 감지센서 설치

당사가 생산하는 디스플레이 패널 부품인 COF$_{Chip\,on\,Film}$는 제조공정에서 많은 종류의 화학약품을 사용한다.

이 화학약품들은 섞이거나 쏟는 등의 취급 부주의로 인해 대형 사고가 일어날 수 있기 때문에 평소 보관장소에서부터 사용하는 모든 곳을 특별히 관리하고 있다.

그럼에도 불구하고 예상치 못한 압력 문제 혹은 노후화로 인해 부식되는 등 문제가 발생할 수 있다. 그런 경우에 대비하기 위하여 모니터링을 할 수 있도록 감지센서를 설치하기로 했다. 현장에서 약품의 누출 사고 발생 시 초기에 파악하고 선 대응을 통한 피해 방지를 위해 2013년 처음으로 누액 감지센서를 설치하기 시작했고, 2015년 화학물질관리법이후 화관법 시행 후에는 사내 모든 약품의 보관 및 사용공정에 감지센서 설치를 확대했다.

그리하여 2015년부터 현재까지 걸쳐서 클린룸 생산설비 내, 화학물질 보관창고, 저장탱크건욕실 방호벽 내, 그린센터폐수처리장 저장탱크 등 화관법 적용 대상이 되는 전 공정에 걸쳐 약 600여 개의 감지센서를 설치했으며 현재도 지속적으로 관리하고 있다. 약품 누출 시

## 누액 감지센서 설치

**프로세스**  약품 누출 시 센서 감지 → 현장 알람 및 부저 경보 → 관리자 부저 경보(현장관리자, 중앙제어실, 방재센터) → 비상 조치
※ 정전 대비 비상전원(UPS) 설치

**설치수량**  600여개

#### 구축사례

누액 감지센서

누액 시 현장 경보

모니터링 시스템 경보(방재센터 등)

감지센서가 경보를 울리면 이를 인지한 현장 관리자가 중앙제어실 및 방재센터 근무자들이 비상조치에 들어간다.

여기에 그치지 않고 각 감지센서의 오작동 여부를 점검하는 업무를 추가하고 순간 정전 시에도 감지센서 작동이 멈추지 않도록 비상 전원UPS을 설치해 운용하는 등 감지센서 경보를 통한 누출 위치 조기 파악과 대응이 되도록 하는 프로세스를 운용하고 있다.

## 가스누설 감지기 이중화

최근 기업의 생산 시스템에 ICTInformation and Communications Technology 기술을 결합해 지능형 생산체계를 구축하는 스마트팩토리 도입이 가속화되고 있는데, 이런 과정에서 스마트팩토리에 많이 사용되는 것이 각종 센서들일 것이다.

이 센서들이 온전히 작동한다면 스마트팩토리의 강점인 생산성, 품질, 고객만족도를 향상시킬 수 있지만 그렇지 않은 경우가 종종 발생할 수 있다.

이렇게 되면 스마트팩토리의 원래 목적은 퇴색하고 심각한 생산 차질이나 안전사고 위험성마저 증가하게 될 것이다. 그만큼 생산공정에 설치된 센서의 역할은 중요하다고 인식해야 하며 이들이 올바르게 작동하지 못하는 경우에 대비해야 한다.

당사에서 사용하는 여러 종류의 가스장치에도 누설 시 이를 감지할 수 있는 일종의 센서인 감지기가 설치되어 있다. 만약 이 감지기가 오작동으로 인해 제 역할을 하지 못한다면 그로 인한 피해는 상상을 초월하는 대재난이 될 수도 있기 때문에 가스누설 감지기 이중화 설치를 하여 이러한 위험을 미연에 방지하도록 하고 있다.

예를 들면 유틸리티동의 기계실을 대상으로 설치했는데, 이는 가

## 가스누설 감지기 이중화

**가스 누설 감지기의 오작동에 따른 가스 공급 차단 방지**

**프로세스** 가스 누설 경보기 알람 발생 → 가스 누설 지역 이상상태 확인(확인 시 가스측정기 사용) → 가스 누설 설비 정지 및 밸브 차단 → 상황 전파 및 원인 파악 → 가스 누설부 조치 및 상황 전파 → 비상 조치

**구축사례**

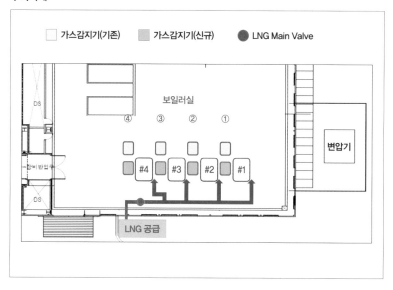

스 공급 장치에 설치된 누설 감지기가 올바로 작동하지 않아 가스 공급이 차단될 경우 보일러 스팀 생산 중단으로 이어지는 사태를 사전에 방지하기 위한 것이다.

즉 감지기 센서가 오작동할 경우 이를 한번 더 확인해 생산 차질은 물론 뜻하지 않은 위험이 발생하지 않도록 이중의 안전을 확보한 것이라고 할 수 있다.

## 저장탱크 국소 배기 설치

화학물질을 취급하는 전 공정에 누액 감지센서를 설치한 것과 병행해 화학물질 누출 시 가스가 발생할 수 있는 시설<sub>약품을 보관 저장하는 탱크가 있는 곳</sub>에는 별도로 국소 배기후드를 설치해 운용하고 있다.

누출 시 가스가 발생할 수 있는 시설은 염산 등을 저장하는 탱크인데 여기에서 누출로 인한 가스가 발생하면 질식사고 등 2차 사고로 이어질 수 있기 때문에 이를 방지하기 위해 이 보관 탱크 상부에 국소배기 후드를 설치하였으며 약품 비산에 의한 작업자를 보호하기 위하여 파티션도 설치하였다.

3년 간에 걸쳐 각 건물의 저장탱크실에 순차적으로 설치했다. 국소 배기후드는 이 물질들이 누출되어 가스가 발생하면 이를 포집하여 안전하게 배기 처리하는 시설이다.

## 저장탱크 국소 배기후드 설치

**프로세스** 약품 누출 발생(가스 발생) → 경보(약품 누출, 누액)
→ 비상부스 스크러버 댐퍼 전환(비상부스측 → 후드측) 후 가동
→ 가스 포집 후 스크러버 안전 처리 후 배출

**구축사례**

## 약품 유출 방지 및 배기 장치

클린룸 전 지역,1,2공장동의 약품 보관 시설에 32개의 유출방지턱 및
배기 장치를 설치했다. 약품보관함 안에 있는 약품 용기가 파손되어
누액, 누출이 발생할 경우 액상물질이 외부로 흘러나가지 않도록 방
지턱약품이 전부 쏟아져도 밖으로 유출되지 않도록 하는 부피를 계산해 제작으로 막아 약품의 종
류에 따라 중화하여 안전하게 처리하고, 가스가 발생하면 배기 스크

— **149**

Chapter 3
재해예방 인프라

**프로세스**  약품보관함 내 약품 용기 파손으로 누출 발생 → 가스 발생 → 배기 스크러버로 안전 처리 → 액상화학물질 유출방지턱 내 체류 → 중화 후 안전처리 진행

**구축사례**

배기장치

약품 유출방지턱

러버를 통해 외부로 안전하게 배출하는 시설이다. 이 시설을 갖춤으로써 만에 하나 화학물질이 누액, 누출되더라도 피해 확산을 예방할 수 있게 되었다.

## 대기 방지시설 유출방지턱

사내 외곽에서 화학물질 유출 시 우수 저류조를 통해 안전하게 폐수를 처리하는 시스템을 구축했다. 거의 모든 실내 시설에도 유출 방지턱을 설치해 이중의 안전장치를 했으나 옥상의 대기 방지시설이 예외로 남아 있었다.

2014년 우수 저류조 설치에 이어 2015년에는 1, 2공장동 옥상의

**프로세스**  유출방지턱 Drain 밸브 항시 Close → 누출 시 방지턱 내 체류 → 안전처리(중화처리 후 폐수 처리)

**구축사례**

유출 방지턱

유출방지턱 Drain 밸브

대기 방지시설에 유출방지턱을 설치해 환경 유해물질의 외부 유출을 거듭 차단했다. 이는 화학물질 안전 개선을 위해 당사가 자체적으로 도입한 내용이다. 하지만 이는 어디까지나 최후의 보루이고 근본적으로 유출을 방지할 수 있는 대책이 물론 필요할 것이다.

하나의 예로써 대기 방지시설에는 화학물질이 포함된 다량의 세정수를 사용하는 과정에서 환경오염 물질이 발생한다. 이 물은 일시 저장되었다가 폐수처리 시설로 배출되는데 이때 배관의 파손, 펌프 배관 교체 작업 등에 따라 외부로 유출될 수 있기 때문에 유출방지턱으로 막아 가두는 것이다. 유출방지턱 내의 물은 중화처리 후 폐수처리장으로 이동되어 배수로를 통한 외부 유출이 원천 차단된다.

# 약품 누액 감응 테이프 부착

　당사의 현장 설비들은 약품 저장탱크와 사용하는 곳 사이에 수많은 배관으로 연결되어 있다. 이 배관들은 형태와 종류가 약품과 설비에 따라 상이하고 또 배관의 방향이 구부러진 부위마다 연결 배관을 사용하기 때문에 복잡하고 관리가 쉽지 않다.

　그러나 이 배관들을 통해 약품이 흐르므로 설치 단계에서부터 한치의 소홀함도 없이 철저히 관리하고 있음은 물론이다. 하지만 이 배관들을 아무리 잘 관리한다고 해도 항상 압력을 받고 있기 때문

## 감응 테이프 도입

**프로세스**　감응 테이프 부착 → 배관 이음부 미세 누액 시 육안 확인 → 미세 누액사고 예방

**사례수상**　감응 테이프(고용노동부 주관 화학물질 개선 부문 최우수상 수상)

**구축사례**

에 오래 사용하다 보면 부식을 피할 수 없고 특히 취약 부분인 이음부에서 누액이 발생하는 경우가 종종 있다.

누액은 품질에 영향을 줄 뿐만 아니라 근무환경 측면에서도 사원들의 건강에 좋을 리 없다. 약액이 조금씩 흘러나오는 경우도 있지만 압력이 강한 상태인 경우에는 폭발하듯이 뿜어져 나올 수도 있는데 이런 경우 인체에 치명적인 위협이 된다. 그럼에도 이 누액 문제는 배관도 많지만 눈으로 확인이 안되는 부위가 많아 근본적으로 해결하는 일은 쉽지 않았다. 이 문제를 해결하기 위해 많은 노력을 기울이는 가운데 사원들이 제안한 누액 감응 테이프가 문제 해결의 열쇠가 되었다.

이 누액 감응 테이프를 배관 이음부에 부착해 두면 누액 발생 시 색이 변하기 때문에 미세 누액이라도 육안으로 확인이 가능했다. 이 방안을 현장의 모든 Wet 설비에 적용했는데 감응 테이프가 변색이 된 곳은 원인을 찾아 근본적인 대책을 세워 나갔다.

약품 누액 감응 테이프 도입은 누액으로 인한 현장의 Fume을 제거하는데 큰 기여를 했으며, 이 제안은 고용노동부 주관 화학물질 개선 부문에서 최우수상을 수상했다.

사원들의 아이디어로 진행된 이 개선은 작은 노력으로 큰 효과를 얻을 수 있는 것으로 약품을 사용하는 모든 회사들에게 이 방법을 권하고 싶다.

# 화학물질 우수 저류조 설치

화학물질을 취급하는 회사는 우수저류조를 설치하는 것을 권장한다. 이는 부주의로 도로에 화학물질이 유출될 경우 빗물에 섞여 인근 하천으로 유입되어 발생할 수 있는 환경사고를 사전에 방지하기 위해서다.

10여년 전 당사에서는 화학물질을 담은 1톤 용기를 도로변에서 지게차로 하역하던 중 포크에 용기가 찍혀 화학물질이 도로변 우수로로 유입되는 사고가 있었다. 다행히 방재팀이 즉시 동원되어 우수로 맨홀을 전부 개방하고 수중 펌프를 설치해 외부 유출을 막고 방

## 화학물질 우수 저류조

**프로세스**  사내 화학물질(말통, 드럼 등) 이동 중 누출 → 도로변 우수로 화학물질 유입 → 우수로 PH센서 화학물질 감지 → 수문 Close → 펌프 작동 → 폐수처리장 유입

### 구축사례

우수 저류조

우수 저류조 제어 판넬(센서, 수문, 펌프 등)

재 작업을 진행해 외부 유출 없이 자체 처리했다.

당시는 화관법이 시행되기 훨씬 전이었지만 일반화학물질인 해당 물질이 우수로를 통해 인근 하천에 유입되었다면 큰 환경사고로 이어질 수 있었다. 이 사고를 계기로 근본 개선을 위해 타사의 사례를 확인하던 중 당사 인근에 있는 공장에서 우수 저류조를 설치했다는 정보를 입수하게 되었고 벤치마킹을 추진했다. 이를 통해 당사는 사내 부지 경계선측 최종 우수로 맨홀<sub>정문, 후문의 도로 중앙 맨홀</sub>에 화학물질 우수 저류조를 설치해 운용하고 있다.

만약 사내에서 화학물질<sub>말통, 드럼 등</sub>을 이동하던 중 누출이 발생해 도로변 우수로로 유입되면 우수로에 설치한 PH센서가 이를 감지하고 저류조의 수문을 닫는다. 이어 펌프를 작동해 저류조의 오염된 물은 폐수처리장으로 보낸다. 이와 같이 당사는 화학물질의 외부 유출을 근본적으로 차단함으로써 환경보전에도 적극 동참하고 있다.

## 화학물 보호장비 세트 비치

어떠한 경우라도 화학사고가 발생하면 안된다. 그럼에도 불구하고 약품을 사용하는 회사는 발생할 수 있는 개연성이 상대적으로 높다. 그럴 경우에는 비상방재반의 신속한 대응을 통해 피해 확산을 최대한 막아야 한다.

이를 위해서는 방재요원 개개인마다 전용 보호장구가 있어야 하는데, 과거 당사는 화학사고 대응을 위한 개인 전용 보호장구가 지급되지 못하고 주변 방재함에 비치된 보호장구를 사용해야 했다. 그러다 보니 긴급상황에 신속하게 대응할 수 없었다.

## 주요 보호장비

호흡보호구
(화학가스로부터 안면부와 호흡기 보호)

내산장갑
(화학물질로부터 손 보호)

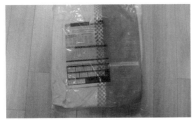

화학보호복
(화학물질로부터 전신보호)

내산장화
(화학물질로부터 발 보호)

보안경
(클린룸 화학물질 취급 생산시설 점검 시 착용)

절창장갑
(칼 작업 시 반드시 착용)

이 문제를 해결하기 위해 환경안전그룹 사무실과 방재센터에 42 세트의 개인 화학보호장구를 담은 가방을 비치해 화학사고 발생 시 신속하게 현장 대응이 가능하게 하였다. 평소, 필요성이 크지 않아도 사고가 발생될 수 있는 곳이라면 투자재원이 부족하더라도 필요한 곳에 안전관련 비품이나 물품들을 배치하고 평소에 용도와 사용방법, 위치에 대한 교육을 하는 것이 만일의 사고에 대비하여 피해규모를 줄여가는 방법이 될 것으로 생각한다.

## 케미칼 흡입기 설치

작업 현장에서 누출이 발생되지 않도록 예방관리를 해야 하지만, 만약 화학물질이 유출될 경우 이를 신속히 흡입 또는 제거하여 안전하게 처리함으로써 회사 내/외부에 영향을 미치지 않도록 해야 한다. 이를 위해 화학물질 자재 창고에 만일의 사태에 대비해 케미칼

### 케미칼 흡입기 설치

| | |
|---|---|
| **목적** | 유해화학물질 유출 시 흡입 전용 설비(케미칼 흡입기)를 통한 신속한 방재 작업 가능 |
| **설명** | 화학물질 유출 시 바닥이나 Pit 등 화학물질이 고여 있는 곳에서 화학물질을 흡입하여 안전하게 처리하는 장치(진공청소기 원리) |

흡입기를 설치해 화학물질의 신속하고 안전한 방재 작업이 가능하게 되었다.

이 장비가 없던 이전에는 화학물질 누출 시 흡착포, 중화제 등을 사용해 방재 작업을 진행해야 했기 때문에 안전상의 위험뿐만 아니라 일부 잔여 물질이 외부로 유출될 수도 있는 위험이 있었다.

안전을 위한 장비는 설령 설치 후 한 번도 사용하지 않더라도 꼭 구비해 두어야 하며, 평소 위치와 사용법을 교육하는 것이 중요하다. 언제 일어날지 모르는 사고에 대비해 주기적으로 보관 장비를 점검하는 인프라도 필수불가결이다.

## 국소 배기 자바라 설치

제조를 하는 현장 작업 과정 중에는 큰 건의 개선과제보다 부분적이고 사소하거나 작지만 큰 효과나 결과를 만들어 내는 경우가 많다. 작은 일이라 할지라도 고민하고 창의력을 발휘한다면 큰 성과를 거둘 수 있을 것이지만 반대로 일이 사소하다고 해서 소홀히 하면 나중에 큰 문제를 일으킬 수 있다.

화학물질 저장시설인 건욕실 내부의 배기관리 문제도 이와 같은 맥락에서 접근했다. 간단한 배기 댐퍼 조작만으로 건욕실에서 누액 문제가 발생 시 배기의 안전을 도모할 수 없을까 고심한 끝에 '국소 배기후드와 이동이 가능한 자바라 설치'라는 해답을 찾아 냈다.

## 국소 배기 자바라 설치

**목적** 배기가스 자바라 설치를 통한 작업자 Gas 흡입 방지 및 안정적 처리

**프로세스** 배관 등 약품 미세 누출 발생(가스 발생) → 자바라 연결 및 포집 → 누출 포인트 배관 작업 진행(안전작업)
※ 자바라는 비상부스 Scrubber와 연결되어 포집 후 안전한 배기 처리 진행

**내용** 건욕실(약품 저장탱크실) 펌프나 배관에서 누액이 되면 화학가스가 발생하게 되는데 이때 국소배기 자바라를 이용해 가스를 흡입하여 Scrubber에서 안정적인 처리후 대기로 배출하게 된다

**효과** 작업자 가스 흡입 방지 및 가스 확산 방지

이 장비 도입으로 약품 배관 등에서 미세 가스 누출이 발생하면 이 부분에 자바라를 연결해 가스를 포집하면서 보수작업을 진행할 수 있게 되었다. 이때 포집된 가스는 자바라와 연결된 비상부스 스크러버Scrubber : 세정식 대기방지시설를 통해 안전하게 배기 처리된다.

1공장동 건욕실에 먼저 이 장비를 설치했고, 이어 신축된 2공장동 건욕실에도 설치함으로써 위험이 따르는 배관 보수 작업을 안전하게 진행할 수 있게 되었다.

## 화학물질 비산방지 커튼

회사 내에서 사용하는 모든 화학약품은 펌프를 이용해서 압력을 가해 약액을 순환시키는 구조로 되어 있다. 만약 배관이나 저장 탱크에 균열이 생기면 그 압력으로 인해 약품이 비산하게 되는데, 비산된 약품은 인체에 큰 손상을 입힐 수 있기 때문에 평소 이에 대비한 여러 가지 대책방안을 강구해 왔다.

그 방안 중 가장 손쉬운 것은 위험구역을 설정해 작업자의 동선을 제한하는 방법이다. 그리고 압력이 가해지는 탱크는 강한 압력에도 견딜 수 있게 화학 반응을 검토해 스틸 등의 재료로 변경하고, 1차 비산에 대비해 비닐이나 투명 플라스틱 박스를 설치해 작업자를 보호하는 것 등이 있다.

특히 당사는 다년 간에 걸쳐 이러한 대책들을 필요한 곳마다 적

**비산방지 커튼 설치**

용해 왔는데, 이 중에서도 가장 중요한 작업자의 안전을 직접적으로 확보하고 주변 확산을 막는 효과적인 방법은 비산 방지용 비닐 커튼을 설치하는 것이었다. 2016년부터 건욕실 약품 저장시설뿐 아니라 제조공정 등 모든 위험성 설비에 설치하고 있으며 지속적으로 보완 관리하여 만약의 재해로부터 예방되도록 하고 있다.

# 안전한 행동은
## 먼저 위험을 살피고 행동하는 것이다

많은 기업들이 안전관련 시스템과 프로세스를 구축해 놓고 있지만 정작 사고가 발생하면 그 시스템이 제대로 작동하지 않아 초기단계에서 막을 수 있는 작은 사고가 대형사고로 확대되는 경우가 종종 있다. 이는 조직내의 역할과 책임의 구분이 부족한데 기인하고, 또 구분되어 있다고 하더라도 실행력을 갖추지 못했기 때문이라고 생각한다.

이를 보완하기 위해서는 명확한 기준과 룰을 만드는 것도 중요하지만 지킬 수 있도록 만들어야 하고 만들어진 기준과 룰은 반드시 지키도록 습관화해야 한다.

이번 챕터에서는 비상사태에 대응한 시스템을 비롯해 당사의 환경·안전, 화학물질 관리에 관한 시스템 구축과 그 운영에 대해 살펴보겠다.

# 안전보건 시스템

회사의 성장과 함께 화학물질 사용량이 늘어나면서 사원들의
안전을 담보하기 위해 취급 전문성을 강화할 필요가 있었다.
또 화학물질 관리에 대한 법률이 복잡해지고 다양해지는 추세에 따라
보다 체계적이고 전문적인 관리시스템을 갖춰야 했고,
이에 따라 화학물질 관리시스템을 도입해 운영하게 되었다.

# 안전환경 통합관리 시스템

## 비상사태 대응 시스템

모든 회사가 그렇지만 당사는 사고가 생기면 즉시 보고하도록 하는 보고체계를 갖추고 있다. 하지만 평소 훈련을 통해 대비를 했음에도 불구하고 실제 상황이 발생하면 이 시스템이 올바르게 작동하지 않는 경우가 여러 차례 있었다.

비상사태의 종류나 심각성 등에 따라 다르게 보고되지 않고 통합 운영될 수 있도록 만든 것이 비상사태 대응 시스템이다. 이 시스템은 앞서 언급한 여러가지 상황을 통합한 생산·운영 활동과 관련하여 발생할 가능성이 높은 인적·물적 비상사태를 가정해 구축했다. 비상사태 발생 시 즉시 상황을 파악하고 분석해 최적화된 대응 체계를 작동함으로써 피해를 최소화하기 위한 것이다.

비상사태 발생 시 최초 발견자가 방재센터<sub>사내 7119</sub>에 신고하면, 방재센터2인 1조 운영는 즉시 비상연락망을 가동하고 비상방송 실시, 관계 기관 신고, 현장 확인에 들어간다. 신고 접수와 동시에 보고받은 관리자는 안전사고, 화재사고, 환경사고 등 유형에 따라 현장 확인과 함께 긴급조치를 시행한다. 긴급조치는 사내에서의 즉각적인 조치와 사내 보고체계를 통한 보고 그리고 사안에 따라 외부조직소방서, 경찰서 등으로 신고가 동시에 진행되도록 하고 있다. 사내에서는 신속히 상위 단계로 보고·전파되며, 사내 조직과 외부 관련 기관이 일사불란하게 비상사태에 대한 대응을 진행하게 된다.

이 시스템은 사고 종류별로 효과적인 대응이 가능하도록 하고

## 비상사태

안전·소방, 환경사고 발생으로 인하여 인력·시설·장비를 동원해야 하고 화재·폭발·누출 등 비상대응 또는 긴급대응이 필요한 상황으로 안전 및 환경에 심각한 영향을 미칠 것으로 예상되는 경우

- 가연성 또는 인화성 물질의 누출 등에 의해 화재 및 폭발사고가 발생하는 경우
- 유독성 또는 맹독성 화학물질이 다량 누출 되는 경우
- 기타 환경·안전보건 경영 대리인이 비상사태라고 인정하는 경우

## 준비상사태

자연재해 및 인근지역 사고 등 외부 환경의 변화로 발생된 위험상황이 당사에 영향을 미쳐 비상대응 또는 긴급대응이 필요한 상황

- 자연재해(태풍·지진·폭우·강설 등)로 회사에 피해를 미칠 우려가 있는 경우
- 인근지역 사고(인접한 회사의 화재·폭발, 독성·인화성가스 누출)로 회사에 피해를 미칠 우려가 있는 경우

## 비상사태 대응 프로세스

**도입목적**   사고 발생 시 신속한 대응으로 긴급 조치 및 피해 확산 예방

**사고신고**   7119

**업데이트**   매년 초

**비상연락체계**   직계라인(유선보고), 기타 보직장(사내 메신저 SMS 전송 시스템)

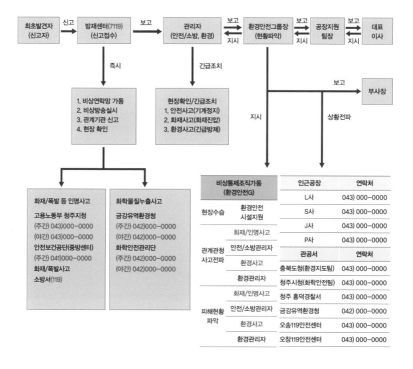

긴급조치 등 신속한 대처를 통해 피해 확산을 최소화할 수 있도록 운영되고 있으며, 사내외 여건 변화에 따라 필요시 매년 초 연간 안전계획 수립 및 이사회 승인을 받는다.

## 환경안전 통합관리 시스템

그동안 부문별로 구축돼 운영되던 환경, 안전, 방재, 보건관리 시스템들을 2019년에 하나로 통합함으로써 업무 역할의 명확화, 신속성 제고 등의 효율 향상을 기할 수 있게 되었다.

특히 환경안전 업무는 법적 기준을 만족시키기 위하여 대관업무가 많은데, 그때마다 필요한 업무를 수작업으로 하다 보니 효율이

### 환경안전 통합관리 시스템

| 환경 | 공정안전 | 산업안전 | 소방/방재/보건 |
|---|---|---|---|
| - 수질/대기 관리 | - 위험경보제 관리 | - 산업안전 관리 | - 소방시설 관리 |
| - 오염물질 관리 | - PSM 관리 | - 유해위험기구 | - 소방교육(법정교육) |
| - 화학물질 관리 |   : 공정안전자료 |   안전검사 | - 일반/특수검진 |
| - 법정일지 관리 |   : 공정위험성평가 | - 보호구/도급업체 | - 작업환경측정 관리 |
| - 화학설비 관리 |   : 안전운전계획 | - 안전점검 결과 F/U | - 개인진료상담 |
| |   : 비상조치계획 | - 안전교육(법정교육) | - 보건상담 |
| | | - 유사재해 관리 | |

많이 떨어지는 문제가 발생하고 있었다. 이러한 효율 저하와 낭비가 많은 업무를 통합관리 시스템을 도입하여 전 사원이 쉽게 관련 정보들을 공유하여 대관업무의 효율화가 되도록 개선하였다.

또 전 사원이 그룹웨어<sub>사내 업무 시스템</sub> 접속을 통해 이 환경안전 업무 시스템에 접근할 수 있어 실제 사원들 개인이 생성하는 자료의 등록이나 제안제도 운영, 유해위험물질 처리, 안전업무 적용 등 다양한 업무를 이 시스템을 이용하여 진행하고 상황의 공유와 업무의 스피드한 효율화 제고를 할 수 있게 되었다.

구축 이후 매년 시스템을 개선·보완하고 있으며 이를 통한 안전사고 예방과 내부업무 효율화를 도모하고 있다.

## 화학물질 관리 시스템

회사의 성장과 함께 화학물질 사용량도 늘어나게 되어 사원들의 안전을 담보하기 위해 화학물질에 대한 취급 전문성을 강화할 필요가 있었다. 또 화학물질 관리에 대한 법률이 복잡해지고 다양해지는 추세에 따라 보다 체계적이고 전문적인 관리시스템을 갖춰야 했고, 이에 따라 화학물질 관리시스템을 도입해 운영하게 되었다.

이 시스템 운영이 지금은 정착단계에 접어들었지만 도입 초기만 해도 전산시스템이라는 특수성과 전문성 때문에 화학물질 담당자가 접근하기 어려워하는 문제점이 있었다. 이를 해결하기 위해 타사

## 화학물질 관리 시스템

**도입목적**
① 다양한 화학물질에 대한 위험성 인식 확산
② Human Error 발생 차단(Pool-Proof화), 법률 대응
③ 통계 분석, 문제에 대한 추적 관리, Trend 관리
④ 각종 서식 작성, 출력 및 이력 관리, 점검사항 이력 관리 등 업무 효율화

**운영현황**

| 위험정보관리 | 안전사전평가 | 인허가/규제관리 | 취급시설관리 | 실적관리 |
| --- | --- | --- | --- | --- |
| - 화학물질규제DB<br>- 사용물질현황<br>- 규제물질관리 | - 신규자제검토<br>- 사전평가검토 | - 수입/제조<br>  인허가<br>- 화학물질등록<br>- 변경/실적보고<br>- MSDS관리 | - 화학물질취급<br>  시설관리<br>- 점검사항관리 | - 수입/구매실적<br>- 제조/사용실적<br>- 화학물질실적<br>- 유해물질관리 |

의 선도입 사례를 벤치마킹함으로써 그동안 수작업으로 진행하는
데 따른 로스를 조기에 최소화할 수 있었다.

아울러 정보시스템 그룹과의 긴밀한 업무 협조를 통해 신규 전
산시스템을 개발하는 등 사내 조직 및 인프라를 적극 활용했고 또
한 외부 전문업체의 조언을 들으면서 초기에 발생할 수 있는 문제점
을 하나하나 개선해 나갔다. 정착되기까지 다소 시간이 걸렸지만 서
두르지 않고 차근차근 준비해 나감으로써 이제는 안정적으로 시스
템을 정착시킬 수 있었다.

# 화학물질관리 프로세스

당사는 화학물질관리법<sub>화관법</sub>과 국제환경규제안<sub>RoHS : 전기전자제품 사용제한 지침</sub> 등에 대응하기 위해 화학물질에 대하여 사전에 환경평가 등을 통해 사용상 문제가 없다는 것을 확인하고 승인절차를 통해 입고 및 사용하는 관리 프로세스를 도입해 운영하고 있다.

화관법은 화학물질에 대한 정보체계 구축, 유해화학물질 취급,

## 화학물질 관리 프로세스

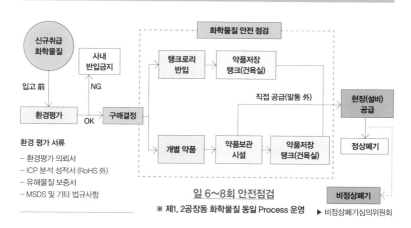

**환경 평가 서류**
- 환경평가 의뢰서
- ICP 분석 성적서 (RoHS 外)
- 유해물질 보증서
- MSDS 및 기타 법규사항

**일 6~8회 안전점검**
※ 제1, 2공장동 화학물질 동일 Process 운영    ▶ 비정상폐기심의위원회

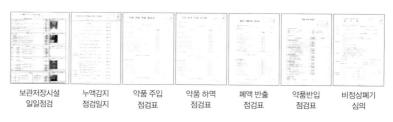

| 보관저장시설 일일점검 | 누액감지 점검일지 | 약품 주입 점검표 | 약품 하역 점검표 | 폐액 반출 점검표 | 약품반입 점검표 | 비정상폐기 심의 |
|---|---|---|---|---|---|---|

설치·운영 등의 안전관리 강화, 화학사고 영향평가 등을 통한 유해 화학물질 예방관리 체계 강화, 사고대비 물질 관리 강화, 화학사고의 발생 시 즉시 신고 의무 부여, 현장조정관 파견 등 화학사고의 대비·대응의 내용을 담고 있는데, 당사도 화학물질에 대해서 사용 결정이 이루어진 화학물질은 자체 기준 또는 화관법에 의거해 입고 시부터 폐기 시까지 체계적인 안전점검 절차를 거치도록 하고 있다.

특히 약품을 현장에서 정해진 기준대로 사용하고 폐기하는 것이 아닌 비정상적인 폐기의 경우예: 개발 중 약품 등에는 비정상폐기심의위원회를 거쳐서 사내 약품 전문가의 조언을 받고 폐기절차를 진행하고 있다.

## 도급업체 안전관리 시스템

국내 기업에서 발생하는 여러 안전사고 중 외주 협력사에서 공사를 할 때 사고가 발생하는 경우도 비일비재 한 것으로 알고 있다. 당사의 경우도 평소 협력사들이 사내에서 작업을 하는 경우가 많이 있는데 특히 매년 상·하반기에 지정된 정기 보수 시기에는 하루에 500여 명의 외주 또는 도급업체 인력들이 들어와 공사와 동시에 각종 설비 PM예방보전을 진행하고 있다.

당사는 이러한 도급업체의 사고 리스크를 줄이기 위해 상주업체에 대해서는 정기적인 협의회를 통해 안전 분야의 제반 사항을 교육 및 토론하고 정기적인 합동점검을 통해 도급업체 관리지역 내 안전

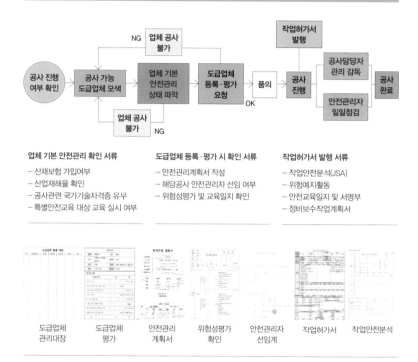

## 도급업체 공사 관리 프로세스

공사 진행 여부 확인 → 공사 가능 도급업체 모색 → 업체 기본 안전관리 상태 파악 → 도급업체 등록·평가 요청 → 품의 → 공사 진행 → 공사 완료

NG 업체 공사 불가

업체 공사 불가 NG

OK

작업허가서 발행

공사담당자 관리 감독

안전관리자 일일점검

**업체 기본 안전관리 확인 서류**
- 산재보험 가입여부
- 산업재해율 확인
- 공사관련 국가기술자격증 유무
- 특별안전교육 대상 교육 실시 여부

**도급업체 등록·평가 시 확인 서류**
- 안전관리계획서 작성
- 해당공사 안전관리자 선임 여부
- 위험성평가 및 교육일지 확인

**작업허가서 발행 서류**
- 작업안전분석(JSA)
- 위험예지활동
- 안전교육일지 및 서명부
- 정비보수작업계획서

도급업체 관리대장 | 도급업체 평가 | 안전관리 계획서 | 위험성평가 확인 | 안전관리자 선임계 | 작업허가서 | 작업안전분석

사고 예방 및 안전업무 능률 향상에 만전을 기하고 있으며, 산업안전보건법에 명시된 근로자에 대한 안전보건 교육 이행의 일환으로 도급업체의 모든 인력들에 대한 입문교육에서부터 수시 안전교육에 이르기까지 성실히 임하고 있다.

뿐만 아니라 새로운 도급업체 안전관리 프로세스를 도입하여 비상주 도급업체에 대해서도 보다 체계적으로 안전을 담보하게 되었다. 이 프로세스에 따라 도급 공사 당사자의 공사 진행 자격<sup>건강과 컨디</sup>

선, 자격증 보유 등을 사전에 확인하고 자격이 확인되어 회사 내에 들어오면 담당자가 작업허가서를 발행하고 관리감독 하에 작업을 진행하도록 하고 있다. 또 공사 시작과 진행 과정의 정보, 진행상황을 협력사와 함께 공유하며 긴장이 유지되도록 하고 있다.

# 02

# 임직원 건강관리 시스템

당사는 임직원의 건강관리를 위해 법에서 정하고 있는 기본 사항을 갖추는 것은 물론 한 차원 높은 건강관리 체계를 구축해 '임직원이 행복한 회사'를 지향하고 있다. 건강상담, 응급치료 및 물리치료, 질병 예방 조치 등을 통해 임직원의 건강증진을 도모하는 건강관리실 운영을 비롯해 전문적인 건강검진체계 구축과 건강 프로그램 운영, 국내외 유행성 질병 대응체제 운영 등 임직원이 늘 건강한 삶을 영위할 수 있도록 최선의 노력을 다하고 있다.

특히 2020년 코로나19 팬데믹 상황이 전개되면서 회사가 앞장서 사원들의 건강을 지키고 안전한 사업장을 만들기 위해 생활방역 관점의 지도 지원과 근로자 건강체크 시스템을 운영하게 되었으며, 수시로 관련 근로자 건강관리 교육도 병행하여 실시하고 있다.

이 중에서 건강 체크시스템은 앞에서도 언급하였지만 현장의 안전사고는 일하는 사람들의 부주의뿐만 아니라 당일의 건강상태나

## 건강상태 체크 시스템

**목적**    건강상태 사전 확인을 통한 임직원 안전사고 예방

**내용**    당사에서 휴먼에러에 의한 안전사고를 예방하기 위해 개발한 시스템으로 근로자가 시업 전 본인의 건강상태와 컨디션을 시스템에 입력하고 해당 부서장 및 보건관리 자가 이를 확인하여 근무 가능 여부, 근무 시 위험성 높은 작업 제외, 병원진료, 휴식 등을 판단한다.

**방식**    출근 후 시스템 접속 → 본인 건강상태 입력/상신 → 관리자 건강상태 확인(출근 후 30분 이내) → 건강상태 이상자 면담 진행(근태 여부 판단) → 보건관리자 상담(필요시) → 부서장 확인(1시간 이내) → 근태 조치(근무, 조퇴, 병원진료, 약품 지급, 휴식, 위험성 높은 업무 배제 등)

**프로세스**

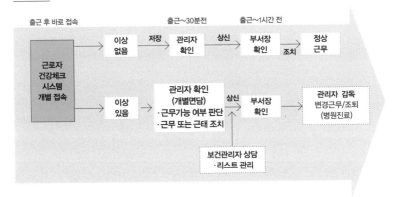

컨디션의 문제로 인해 발생되는 경우도 있기 때문에 출근을 했어도 일 할 준비가 안되어 있다면 일을 해서는 안된다는 관점에서 적용하게 되었다. 실제 당사에서도 이런 경우로 인해 안전사고로 이어질 뻔한 사례가 생겼고 이를 개선하기 위하여 본 시스템을 만들 것을 지시했고, 현재 이 시스템은 현장관리 시스템으로 정착되었다.

# 건강관리실 운영

당사는 산업안전보건법에 명시된 보건관리자에 대한 시설, 장비 지원에 따라 근로자들의 건강관리 향상, 질병예방, 응급치료, 심리상담 등 전 사원의 건강증진을 위해 건강관리실을 도입·운영하고 있다.

건강관리실은 건강관리에 필요한 각종 기본 처치 장비와 측정기, 기본 의약품 등을 갖추고 회사 근무시간08:00~17:00 동안 보건관리자간호사가 상주해 운영한다.

| 구분 | 내용 |
|---|---|
| 건강관리실 운영 | • 이용시간 : 08:00~17:00<br>• 상주담당 : 보건관리자(간호사)<br>• 이용대상 : 전 사원 |
| 건강관리 범위 | • 건강상담 : 검진 후 사후관리, 관련 질병의심자 병원 연계<br>• 응급조치 : 응급처치도구, 치료소독기 외<br>• 물리치료 : 저주파 치료기, 아이스팩, 적외선치료기, 온열찜질기 외<br>• 기타운영 : 혈압/혈당 측정, 체지방 측정, 키/체중 측정,<br>　　　　　　침상 2EA 운영, 비타민 및 영양제 지급, 일반의약품 지급 |

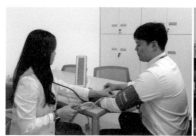

건강관리실 운영으로 응급질환에 대한 효과적인 대응 능력이 향상되고 근로자 질병의 초기 확인 및 대처가 가능하게 되는 등 사원들의 건강증진은 물론 건강의식 제고에도 기여하고 있다.

## 근로자 건강검진

당사에서 운영하는 건강검진 체계는 크게 일반검진산안법 129조과 특수검진산안법 130조 그리고 회사 복리후생 차원에서 시행하는 종합검진 등 3가지가 있다.

일반검진은 전 사원을 대상으로 연 1회 전문기관의 건강검진을

| 구분 | 일반검진 | 특수검진 | 종합검진 |
|---|---|---|---|
| 취지 | 전문기관의 근로자 건강관리 | 생산직군 유해인자로 인한 질병예방 | 근로자 건강복지 증진 지원 (세밀한 건강관리, 질병예방) |
| 주기 | 연 1회 | 연 2회(상하반기) | 만30~40세 : 1회/2년 만40세 이상 : 1회/1년 |
| 대상 | 전 사원(국가지원) | 생산직 전 사원, 대상공정 사원 | 대상 근로자, 배우자 |
| 비고 | | | |

실시하고 그 결과에 따라 사후관리를 진행하는 것이다.

특수검진은 생산직 사원의 유해인자로 인한 질병 예방 및 관리를 위해 연 2회<sub>상·하반기</sub> 실시한다.

종합검진은 보다 세밀한 건강 상태나 질병 확인, 예방을 위해 복리후생 차원에서 시행하는 것으로 만30~40세 근로자 및 배우자는 2년에 1회, 만40세 이상은 연 1회 실시한다.

## 건강증진 프로그램

임직원들의 건강을 유지하고 질병으로부터 보호하기 위해 건강증진 프로그램을 도입했다. 이 프로그램은 육체적 건강뿐만 아니라 정신건강, 위생문제 등에 걸쳐 건강질환 예방과 다양한 건강증진 내용을 담고 있다.

주요 내용을 보면 감염병으로부터 임직원을 보호하는 '예방 접종, 근로자 직무 스트레스 및 뇌심혈관 질환 예방 관리', 암 관련 캠페인 및 의학교수 초빙 교육을 실시하는 '암 예방 프로그램', 직무 스트레스 극복을 돕고자 정신건강 캠페인 및 전문가 교육을 실시하는 '근로자 정신건강 프로그램', 기타 금연과 절주 캠페인, 영양상담, 보건 관련 실습 등 일상생활에서의 건강증진을 위한 다양한 건강관리 프로그램으로 구성되어 있다.

이들 프로그램 운영으로 임직원의 신체 활동률이 도입 전 대비

15% 향상되어 사원들의 전반적인 건강이 증진되고 있음은 물론, 특히 보건 관련 실습을 통해 응급상황 대처 능력이 향상되었다.

---

### 건강증진 프로그램

① 금연 클리닉(5개월)
② 만성질환 예방 영양 상담(5개월)
③ 절주 캠페인
④ 위생건강(치아, 손 씻기, 운동 프로그램)
⑤ 공정별 맞춤형 스트레칭 포스터 제작 및 실습 교육
⑥ 보건 관련 실습 교육(AED 사용/스트레칭 실습)

---

## 유행성 질병 대응관리

당사는 국내외에서 신종 바이러스가 출현할 경우 사내 확산 방지와 근로자 건강보호, 더 나아가 경영의 안정적 유지 및 이익 창출의 지속성을 확보하기 위해 단계별 대응체제를 도입해 운영하고 있다. 대응 단계는 1단계국내 확진자가 발생한 '출현', 2단계지역내 밀접 접촉자 및 확진자가 발생한 '예방', 3단계사내에서 확진자가 발생한 '발생'로 구성되어 있으며 각 단계별 세부지침을 정해 철저히 대응하고 있다.

코로나19 발생 초기부터 3밀밀접, 밀집, 밀폐을 근절시키기 위해 다양한 활동을 진행했다. 즉 전사 마스크 착용을 의무화해 조기 예방에 힘썼는데 식당에서도 마주보지 않도록 일렬로 식사하기, 칸막이 설치 등을 실천했다. 또한 내부적으로는 1일 1회 소독일지 작성과 1일 2회오전 10시, 오후 3시 스스로 체온을 측정해 기록하는 일지도 작성했다. 체온 측정 및 소독일지 작성은 각 부서 안전담당자가 누락이 발생하지 않도록 철저히 관리했다.

또한 전사회의全社會議 진행도 사내에 구축된 화상회의 시스템을 활용했으며, 4개의 회의실로 분산해 동시 화상회의가 가능하도록 하여 최소한의 인력이 모일 수 있도록 했다.

| 구분 | 발생시기 | 내용 | 비고 |
|------|---------|------|------|
| 출현 | 국내 확진자 | • 손소독제 비치(보안실)<br>• 열화상 카메라 설치(보안실)<br>• 방문자 체크리스트 확인<br>• 국내외 감염지역 출장/여행 자제<br>• 단체활동 자제, 사내 홍보 강화 | |
| 예방 | 지역 확진자 | • 신종 바이러스 대응 TF/T 운영<br>• 전 사원 마스크 착용 의무화<br>• 단체활동 금지 및 최소화(사내외)<br>• 출장/해외여행 금지/제한(승인제)<br>• 공장 방역주기 단축<br>• 유증상자 자가격리조치(모니터링)<br>• 해외여행 복귀자 관리(모니터링)<br>• 외부 인력 사내 방문 통제 | **사내 열화상 카메라 설치**<br> |
| 발생 | 사내 확진자 | • 사업장/공용시설 폐쇄(정부지침 이행)<br>• 공정별 비상대응체제 운영 | |

## 안전관리 범위확대

어떠한 경우라도 안전사고는 발생하지 않아야 한다. 사고가 발생하는 순간 사고 당사자도 그 가족도 회사도 불행해지기 때문이다. 따라서 이제는 안전관리라는 개념이 회사에서 업무를 수행하는 과정에만 한정되지 않고 출근하기 위해 집을 나서는 순간부터 일을 마치고 귀가하는 과정 전부를 관리해야 하는 개념으로 바뀌었다.

또한 안전관리 범위도 업무 현장을 포함하여 사내 각종 부대시설, 출장, 대외활동 등에서 발생하는 사고까지 확대되고 있다.

과거 당사에서 통근버스 추돌사고가 발생하여 사고버스에 탑승하고 있던 일부 사원이 안전벨트를 착용하지 않아 다친 일이 있었다. 이때 사고 발생 원인을 파악하고 대책을 강구하면서 안전관리 체계의 재구축이 필요하다고 생각했고 안전관리의 범위를 출퇴근, 출장, 사내 복리후생 시설 등으로 확대하고 관련 인프라를 대폭 개선·보완했다. 이와 함께 안전교육과 점검을 강화하는 등 사고 재발 방지에 심혈을 기울이고 있다.

사내에서는 사내식당, 흡연장, 체력단련장 등 복리후생 및 휴식 공간까지 안전관리 범위를 확대했으며, 사외에서는 업무상 출장, 기숙사 생활, 회식, 동호회 활동에 대해서도 발생 가능한 각종 안전사고를 사전에 리스트업하여 관리하고 있다. 또한 출퇴근 시에는 통근버스를 이용하는 경우, 자차를 이용하는 경우, 도보나 자전거를 이용하는 경우로 나누어 각각의 상황에서 지켜야 할 지침을 정해 관리하고 있다.

우리의 이러한 일일신우일신日日新又日新의 노력이 열매를 맺어 무사고를 통해 임직원들의 행복한 일터가 되기를 바라는 마음이다.

| 구분 | 내용 |
|---|---|
| 사내 | • 사내식당 : 식품위생, 가스 등 위험요소 점검, 바닥 미끄러움 관리<br>• 흡연장소 : 흡연 후 불씨관리, 쓰레기 분리수거 철저, 이용시간 관리<br>• 체력단련장 : 기구 정기점검, 이용간 준수사항 관리 |
| 사외 | • 업무출장<br>　- 국내(차량 이용 관리, 안전사고 시 즉시 보고 관리)<br>　- 국외(영사 콜센터 등 비상연락망 사전교육, 사고/위험 대응 플랜 관리)<br>• 기숙사<br>　- 안전점검(냉난방기, 문어발식 콘센트 사용 등 화재 위험요소 제거 활동)<br>• 회식<br>　- 안전 음주문화 관리(친목회 신청서, 음주운전 금지, 118문화 등)<br>• 동호회<br>　- 활동 전 안전활동 철저관리(사전 준비운동, 보호구 착용 등) |
| 출퇴근 | • 통근버스 : 안전벨트 착용 관리(홍보 단속), 기사 안전간담회<br>• 자가차량 : 교통법규 준수 캠페인, 출퇴근 교통사고 다발 포인트 게시 등<br>• 도보/자전거 : 기본준수 교육(무단횡단 금지, 교통신호 준수, 안전장비 착용) |

# 안전의 주체는
# 사람이다

안전관리는 임직원들의 사고예방과 안전을 담보하는 것이다. 에빙하우스의 망각곡선에 따르면, 학습한 정보는 시간 경과에 따라 빠르게 잊혀지기 때문에, 교육을 지속하는 것은 물론 반복적인 이론과 실습을 병행하여 훈련과 피드백의 교육훈련 체계를 구축하여 안전을 담보할 수 있다.

Chapter

**5**

# 교육훈련 체계

사고나 재해는 잠깐의 방심 때문에 발생하는 경우가 많기 때문에
망각곡선을 염두에 두고 끊임없이 반복적인 교육과 훈련을 통해
평상시의 안전의식을 끌어올리는 일이 중요하다.

# 01

# 안전의식과 교육

## 안전교육 프로세스

안전에 대한 조직 시스템과 프로세스가 되어 있어도 구성원인 사람에 대한 교육이 중요한 것은 독일의 심리학자 에빙하우스의 망각곡선시간 경과에 따라 나타나는 일반적인 망각의 정도에서 알 수 있듯이 우리가 안전에 대한 교육을 아무리 강조해도 지나치지 않다는 것을 느끼게 한다.

사고나 재해는 잠깐의 방심 때문에 발생하는 경우가 많기 때문에 망각곡선을 염두에 두고 끊임없이 반복적인 교육과 훈련을 통해 평상시의 안전의식을 끌어올리는 일이 중요하다.

당사도 구성원의 안전의식 제고를 위해 다양한 교육 프로그램을 운영하고 있는데 다음과 같이 5가지 형태로 분류된다.

### 첫째, 입사 후 기본교육

안전에 관한 법률적 기준이나 안전의 중요성에 대한 이론적인 내용 또는 사내 안전규정 등을 숙지하는 교육으로 꼭 필요한 기본 교육이다.

### 둘째, 현장 체험형 교육

업무 배치 후 현장에서 업무를 수행하면서 필요한 안전교육은 다시 정해진 기간 동안 받고 또 멘토/멘티 제도를 통해 업무를 하면서 안전에 대한 실습을 체험한다. 그리고 회사는 안전사고를 체험해 보는 체험형 교육을 위해 사내에 안전고동교육장을 구축하였고 모든 구성원이 연 1회 이상 체험형 교육을 받고 있다.

### 셋째, 사고사례 교육

회사가 속한 지역이나 주변에서 일어나는 크고 작은 사고 내용을 공유함으로써 동일하거나 유사한 사고가 발생하지 않도록 경각심을 갖게 하는 교육이다. 이러한 사고에 대한 사고사례 교육은 우리가 일하는 현장의 유사재해 발생 가능성을 조사하고 미리 점검해 필요시 대책을 수립하고 개선하는 활동까지 하고 있다.

### 넷째, 교대 인수인계 전 교육

당일 작업 시 안전에 대해 특별히 주의해야 하는 내용을 확인하는 교육으로 인수인계 시, 전 타임 작업 시의 문제점 및 유의사항 등의

현황을 포함하여 특별히 주의해야 하는 사항을 전달함으로써 안전
에 대한 의식을 끌어올려 업무에 임하도록 하고 있다.

**다섯째, 안전의식 교육 방송**

사내 방송하루 3번과 홍보, 게시 등의 내용을 통해 안전에 대한 임직원
의 의식을 높이는 활동을 하고 있다. 이 교육들이 평소에 잘 어우러
져 진행될 때 안전의식을 효과적으로 제고할 수 있으며, 이러한 안전
의식 제고는 안전에 대한 사고발생 리스크 감소로 연결된다.

## 교육훈련 시스템

임직원의 안전지식 습득과 의식 향상을 통해 사업장내 사고를
예방하기 위한 안전교육 프로그램은 크게 분기마다 실시하는 '정기
안전보건교육'6시간과 신규 입사자를 대상으로 한 '채용 시 안전보건교
육'10시간 이상, 작업내용 변경 시 교육2시간 이상, 유해하거나 위험한 작업 시
실시하는 특별안전교육16시간, 연 1회 실시하는 '안전체험교육'1시간 등으
로 나눠 운영하고 있다.

먼저 정기 안전보건교육은 산업안전보건법 및 제조업에 관련된
공통교육으로 온라인 교육 시스템을 활용해 진행된다. 이 교육은 한
장소에 모여 안전관리자가 진행하던 것에서 보다 전문적인 지식 전
달과 체계적인 교육 관리를 위해 온라인 시스템으로 변경해 실시하

## 전사 안전교육 프로그램

| 구분 | 주기/시간 | 대상 및 운영방법 | 교육내용 |
|---|---|---|---|
| 채용 시<br>안전보건교육 | 발생 시<br>(10시간) | 신입사원<br>입문교육 | • 안전/소방/보건/환경부문 기초지식 전달<br>• 기본안전수칙/작업안전수칙 |
| 정기<br>안전보건교육 | 분기 1회<br>(6시간) | 외부기관 활용<br>온라인교육 | • 작업안전수칙 등 안전지식<br>• 산업안전보건법 등 법규지식 |
| 특별<br>안전교육 | 발생 시<br>(16시간) | 39개 유해위험작업<br>작업자 대상 | • 안전작업방법 및 보호구 취급에 관한 사항<br>• 각 작업별 응급조치 및 주의사항 |
| 작업내용<br>변경 시 교육 | 발생 시<br>(2시간) | 작업환경,<br>업무내용 변경<br>작업자 대상 | • 작업 내용 변경 시 안전작업에 관한 사항<br>• 화학물질 취급 관련 내용<br>(물질안전보건자료) |
| 안전체험교육 | 연 1회<br>(1시간) | 50명 이내<br>차수별 운영 | • 안전고동교육장에서 안전,<br>소방장비 실습/체험 |

고 있다. 온라인 교육으로 변경한 후 교육 방식이 집체교육에서 개인교육으로 바뀌어 집중도가 향상되었고, 교육 담당자도 집체교육에서 벗어나 관리자 본래의 업무에 충실할 수 있게 되었다. 또한 기존의 집체교육은 업무 시간 이후 연장근무 시간에 이루어져서 교육 시간에 대한 피로도가 높았는데 온라인 교육으로 변경한 후에는 전문기관이 교육을 진행함으로써 보다 전문적이고 다양한 교육자료를 접할 수 있게 되어 전문성 향상의 효과를 거두고 있다.

채용 시 안전보건교육은 모든 입사자들의 오리엔테이션을 겸해 진행되는데 안전, 소방, 보건, 환경 등에 관한 안전관련 기초지식과 기본 안전수칙, 작업 안전수칙 등을 배우는 교육이다.

다음으로 작업내용 변경 시 교육은 근로자의 작업환경, 업무내

| 구분 | 교육명 | 교육내용 | 교육방법 | 주기 | 실시자 |
|---|---|---|---|---|---|
| 기본<br>안전<br>교육 | 5대<br>안전수칙 | 1. 생활 안전수칙<br>2. 유기용제 안전수칙<br>3. 화재예방 안전수칙<br>4. 약품보관 안전수칙<br>5. 유해물질 안전수칙 | 5대 안전수칙<br>일 1회 복명복창 | 일 1회<br>(조회 시) | 공정OP<br>릴레이 |
| | 교통사고<br>11대 수칙 | | 교통사고 11대 수칙<br>일 1건 복명복창 실시 | 일 1회<br>(조회 시) | 공정OP<br>릴레이 |
| | 안전면담 | 신입사원 안전 면담<br>(1개월 미만) | 업무 전 일일<br>위험요소 면담 | 일 1회<br>(업무 전) | 조장 |
| | 안전보호구<br>착용 방법 | 1. 현장 내화학복<br>2. 방독 마스크 | 안전 보호구<br>착용법 실습 | 주 1회<br>(월요일) | 공정선임<br>릴레이 |
| | 비상 시<br>신고 체계 | 약품 누출 시<br>위험요소 | 신고요령 릴레이 방식 실습<br>(유선신고 + 가상훈련) | 주 1회<br>(화요일) | 공정OP<br>릴레이 |
| | 교통사고<br>예방교육 | 1. 출퇴근 교통 준수<br>2. 안전벨트 착용 | 시청각 교육 | 주 1회<br>(수요일) | 조장 |
| 비상<br>대응<br>교육 | 약품 비산<br>대응훈련 | 약품 비산 시<br>대응훈련 | 가상 훈련 실습<br>(참여훈련) | 3개월 1회<br>(매월 1주차) | 공정OP |
| | 비상<br>샤워시설 | 약액 누출 시<br>비상샤워 | 가상 훈련 실습<br>(참여훈련) | 3개월 1회<br>(매월 1주차) | 공정OP |
| | 심폐소생술 | 1. 심폐소생술 훈련<br>2. 제세동기 사용법 | 가상 훈련 실습<br>(참여훈련) | 3개월 1회<br>(매월 1주차) | 조장 |
| 기타 | 안전사고<br>전파 | 1. 유사 재해 전파<br>2. 사내재해 사고전파 | 시청각 교육 실시 | 수시<br>(발생 시) | 파트장 |
| | 신입사원<br>안전의식<br>강화 | 현장 안전교육 실시 | 현장 안전교육<br>비상대피로 교육<br>(교육장 집체교육) | 1회<br>(입사 시<br>10일내) | 파트장 |

용 등이 변경되었을 때 안전작업에 관한 사항과 화학물질 취급관련 내용을 교육하는 것으로 변경된 작업현장에서 배치 전에 실시하며, 체험교육은 안전고동교육장에서 구축된 체험장비를 통해 실습 교육으로 부서별로 진행한다.

## 작업시작 전 현장 안전교육

당사는 많은 장비와 약품을 사용하는 회사다. 따라서 사고를 미연에 방지하고 현장의 안전을 확보하기 위해 필요한 안전 지식을 정리하여 작업 시작 전에 읽도록 하여 문제가 될 만한 사항들을 상기시키고 있다. 업무 내용에 따라 타임 당 횟수를 정해 반복하도록 한다.

이 활동은 작업교대 타임별로 조회 시마다 시행하고 있으며, 교육 종류는 5대 안전수칙과 교통사고 11대 수칙, 비상시 신고체계 등 기본 안전교육과 비상상황 대응 교육, 안전사고 전파 방법, 신입사원

**작업시작 전 안전교육**

- **교육내용**
- 유사재해 사례 전파
- 전사안전위원회 내용
- 사고사례, 기본안전수칙
- 안전 개선사례
- 비상대응 체계 등

안전의식 강화 등 현장에서 발생할 수 있는 모든 안전 관련 사항이 포함된다. 이와 더불어 당일 진행 예정인 업무에 대한 KY활동<sub>위험예지활동</sub>을 병행함으로써 사원들이 해당 업무에 대한 이해를 높이고 그 업무와 관련된 안전의식도 강화하도록 하고 있다.

## 안전고동考動 교육장 구축

필자가 처음 회사에 부임했을 당시 환경안전그룹이 제조공장장 산하에 소속되어 있었는데, 환경안전그룹 사무실이 폐수처리장 건물 내에 있어서 근무 환경이 매우 열악했다. 폐수처리 시 발생하는 냄새와 소음이 가실 날이 없다 보니 이곳에 근무하는 사원들의 자긍심도 떨어져 있었다.

우선 근무 환경부터 개선시키기 위해 칸막이를 하는 등 냄새를 줄여보고자 애썼지만 근본적인 해결책은 되지 않았다. 이후 회사 경영을 맡으면서 회사에서 가장 근무환경이 열악한 이곳을 가장 근무환경이 좋은 곳으로 바꿔 주기로 했다. 공장지원동을 새로 지으면서 환경안전과 시설지원 인력들을 한곳으로 모아 깨끗한 환경에서 일할 수 있도록 배려했다.

또 기존 폐수처리장 내에 배기시설을 추가해 폐수처리 과정에서 발생하는 냄새와 소음을 개선하자, 그동안 3D업무라며 힘들어 했던 사원들의 사기가 올라가는 효과는 물론 나아가 회사에 자긍심을 가지게 되었다. 환경안전이나 시설지원 업무를 하는 사람들은 중요한 일을 많이 하면서도 잘 표가 나지 않아 마치 음지에서 일하는 것과 같다.<sup></sup>일반적으로 제조부문은 생산 실적이 눈에 보이기 때문에 중요하다고 인식하나 시설이나 환경부서는 그렇지 못하다. 필자는 이런 음지의 영역을 양지로 바꿔 주고 싶었는데 결과적으로 기존에 냄새가 나던 곳을 개선하고, 사무공간을 이전함으로써 사원 만족도를 올릴 수 있었다.

내친 김에 그린센터 2층 사무실 공간을 활용해 안전고동교육장을 만들었다. 우리처럼 설비나 약품을 많이 취급하는 곳은 무엇보다 실제 체험할 수 있는 실습장이 있어야 한다고 생각했다. 이후 전기, 약품, 끼임, 화재 등의 사고 체험 실습장을 만들고 매년 정해진 예산 범위 내에서 체험 실습 항목을 추가해가고 있다. 현재 이곳에서는 경영진을 포함하여 전 사원을 대상으로 매년 1회 이상의 체험 실습이 진행되고 있으며, 필요시 인근에도 개방해 안전사고를 예방하기 위한 안전체험교육장으로써 활발히 운영하고 있다.

## 교육장 시설 및 과정 운영

| 규모 | 체험교육 시설 | 이론교육 외 시설 |
|---|---|---|
| • 규모면적 : 48평<br>• 수용인원 : 60명<br>• 교육내용<br> : 안전이론, 산업안전, 보건, 소방안전, 화학안전, 도급업체 안전교육 등 | • 소방방재시스템, 소화기 사용<br>• 회전체(협착/말림), 창상<br>• 전기감전 체험<br>• 심폐소생술/자동제세동기<br>• 화학물질 반응폭발 대응법<br>• 위험약품 사용관리법 | • 5대 안전작업 수칙<br>• 안전보호 장비 전시(15종)<br>• PSM 및 12대 실천과제<br>• 동영상 시청각 교육시설<br>• VR(가상현실) 실습 장비<br>• 일반 강의실 |

| 과정명 | 실습장비 | 체험교육 |
|---|---|---|
| 화재 진압<br>소화기 체험 |  | |

- 당사 소화기 종류(분말소화기, $CO_2$소화기, K급소화기)
- Air 분사방식, 음성시스템 교육, 실제 소화기와 동일

| 소방방재<br>시스템 |  |  |
|---|---|---|

- 소화설비 종류 및 사용법 : 화재감지기, 유도등, 소화기, 소화전 등
- 화재 발생 시 경보시스템 동작 방법

| 전기안전<br>체험 |  |  |
|---|---|---|

- 감전체험(1mA 인체 통전 후 전기흐름 체험)
- 과부하체험(전기 사용으로 차단기 단락 체험)
- 전기화재체험(전선화재체험 : 배기장치 설치)

| 과정명 | 실습장비 | 체험교육 |
|---|---|---|
| 화학물질 폭발 체험 |  |  |

• 화학물질 폭발체험 : 성질이 다른 약품 혼합 반응 위험체험
  (스팀분사 및 음향시스템 설치)
• 현장 사용약품 Air Pump를 이용 수동공급 연출
  : Fume 발생, 약품비산, 혼합폭발 연출(스팀분사, 물 비산, 진동 발생)

| | | |
|---|---|---|
| 보호구 착용실습 |  |  |

• 화학물질 취급 시 착용하는 내화학복, 내산장화
• 내산장화, 방독마스크 착용 방법 및 순서 교육

| | | |
|---|---|---|
| 심폐소생술 AED |  |  |

• 심폐소생술 체험(교육용 애니 직접 체험)
• AED 사용 체험(교육용 AED 직접 사용)

| 과정명 | 실습장비 | 체험교육 |
|---|---|---|
| VR체험<br>실습 |  |  |

- 현장 내 발생될 수 있는 안전사고의 가상상황(3D) 구축
- 안전사고 경각심과 유형별 간접체험을 통한 안전의식 고취
- 화재, 화학물질 누출, 중량물 낙하 등 다양한 컨텐츠로 매년 교육 실시

## VR Contents : 지속 개발 확대 중

### 화재/소방

- 클린룸 Wet 설비 모터부 화재 발생 시 대응

### 화학물질 누출

- 클린룸 Wet 설비 약품 필터 하우징 케이스 파손에 의한
  유해화학물질 비산/누출

### 근골격계질환/낙하사고

- 클린룸 내 중량물 취급 시 근골격계질환 발생 및
  낙하사고 대응

# 02

# 소방 비상대응 훈련

## 소방방재 훈련

소방훈련은 화재사고가 발생했을 때 인적·물적 피해를 최소화하기 위한 것으로 기업에서 당연히 해야 하는 훈련이며, 권역별 소방교육 및 실습, 합동 소방훈련 등 크게 두 부문으로 나눠 시행하고 있다.

첫째, 권역별 소방교육 및 실습은 유사시 임직원의 신속한 대처 및 안전 확보를 위해 매년 1회씩 5개 테마를 정해 순환식으로 진행하고 있는데 5가지 테마는 '화재 예방에 관한 시청각 교육', '소방시설 작동 관리', '피난 기구 실습', '상주 지역 시설 소개', '소화기 체험 실습'이다.

이 훈련은 2014년부터 본격화했는데 임직원들이 평상시 접하기 힘든 소방시설에 대한 이해를 높이고 있다. 또한 소방시설을 직접 사용해 보는 실습을 통해 비상시 임무 숙지와 대응능력 향상에 효과를 거두고 있다.

둘째, 합동 소방훈련은 소방시설법 22조 1항에 의거해 임직원과 회사 관할소방서가 합동으로 진행하는 훈련으로 연 1회씩 실시한다. 이 훈련은 각본 없이 훈련 당일에 정한 가상 화점에 대한 사내 자위소방대의 지휘 통보 및 화재 진압, 재실자<sup>특정 공간에 있는 사람</sup> 피난, 인명구조 등의 활동을 관할소방서와 합동으로 상황에 맞게 진행한다.

**모의 소방훈련**

| 환자 후송 훈련 | 화재진압 훈련 |
|---|---|

| 소화기 사용법 훈련 | 심폐소생술 훈련 |
|---|---|

## 비상대응 훈련

아무리 예방을 철저히 해도 사고는 예고 없이 찾아온다. 당사는 이 예고 없는 사고에 대비하기 위해 여러 종류의 안전 장비와 시설을 갖추고 있다. 화재에 대비한 소화기, 유독가스 유출에 대응할 방독면, 위험상황에서 탈출을 도울 비상탈출 장치, 화학약품에 노출됐을 때를 대비한 샤워시설, 심폐소생 기구인 제세동기 등을 사업장 곳곳에 비치해 두고 있다.

하지만 이들 장비와 시설이 아무리 충분하고 훌륭하다고 해도 사고가 발생했을 때 제대로 사용하지 못한다면 무용지물이 되기 때문에 안전 장비나 시설은 사용법을 철저히 훈련해야 하는데, 실전이 아닌 연습이라는 생각에 느슨하게 진행한다면 그 훈련은 현실과 동떨어질 수밖에 없다.

따라서 훈련상황을 최대한 실제 상황에 가깝도록 연출해 한치의 빈틈도 없이 대처하도록 유도해 나가고 있다. 아울러 각종 장비도 일주일 단위로 작동 여부를 점검하고 있다. 이렇게 정착된 것이 2013년부터 진행하고 있는 자체 비상대응훈련2회/년 및 관할소방서와 합동으로 실시하고 있는 '체험형 비상대응 훈련'이다. 발생 가능한 다양한 안전사고를 실제 상황처럼 연출하고 그에 대처하는 체험을 통해 실제 사고 발생 시 유연하게 대처할 수 있도록 하는 것이다.

당사 사업장에서 발생할 수 있는 가장 큰 비상상황은 유독가스와 약품누출, 정전 등이 있다. 그 외에 밀폐 공간에서의 질식사고, 보일러 폭발, 근래 심심찮게 발생하는 지진 등도 예측할 수 있다.

이러한 비상상황에 대응한 체험형 훈련을 통해 드러나는 문제점들을 개선함과 더불어 차기 훈련에 적용함으로써 실제상황 발생 시 긴급대처 능력 향상과 피해 최소화를 기할 수 있다.

이 훈련을 꾸준히 해온 결과 실제 비상상황 발생 시 적절한 대처로 대형사고로 번질 수 있었던 위기를 극복한 2019년의 사례를 소개한다.

당시 지게차 운전기사가 외부에서 반입된 약품을 창고로 이동시키고 있었는데 점심시간 전에 마무리하기 위해 급한 마음으로 작업을 진행하다 보니 지게차의 포크를 팔레트 구간에 정확히 넣지 못하고 약품 통을 찌르고 말았다. 그 바람에 약품 통이 찢어지면서 내용물이 비산 되었다.

즉시 비상이 걸렸고 보고체계가 작동돼 상황이 사내외에 전파되었다. 사내 관련자들이 곧바로 모였고 관할 충북소방서에서도 현장에 출동했다. 그런데 출동한 소방차가 도착했을 때는 이미 상황이 종료된 상태였다. 사내 비상대응 훈련을 착실하게 받은 경험자들이 방독면과 방호복을 입고 중화제를 이용해 신속히 누출된 약품을 제거했던 것이다. 현장에 도착한 소방서 관계자는 실제상황에 대한 사원들의 완벽한 대응을 보고 칭찬을 아끼지 않았다. 많은 기업에서 이런 종류의 문제가 발생하지만 이 경우처럼 자체적으로 깨끗하게 문제를 처리한 경우는 처음이라고 했다. 이후 충북소방서는 우리 회사를 지역사회 기업의 모범 사례로 소개했고, 우리 회사는 환경안전 선도 기업으로 거듭나게 되었다.

몸으로 체득하지 않고 머릿속으로만 외운 훈련은 여러 돌발변수

## 비상대응 훈련 프로세스

- **비상대응 훈련**
  가스누출, 그린센터 약품누출, 정전발생, 밀폐공간 질식, 보일러 폭발사고, 지진발생 등

- **운영 프로세스**
  관계부서 협의 → 시나리오 준비 → 리허설 → 실제훈련 → 문제점 개선 → 차기훈련 적용

- **실제 훈련 예시(밀폐공간 질식사고)**

1. 훈련 전 집결
2. 작업자 밀폐공간 진입 및 내부점검
3. 밀폐공간 작업자 질식사고 발생
4. 작업자 의식확인 및 방재센터 신고
5. 환자 긴급구조
6. 환자 긴급조치
7. 환자 CPR 및 AED
8. 환자 병원 후송
9. 긴급조치반 밀폐공간 환기 실시
10. 질식사고 현장 가스측정 및 원인조사
11. 강평 및 훈련 종료

가 작용하는 실제 상황에서 제대로 실행될 수 없다. 안전사고 발생 시 사람의 목숨을 살리는데 필요한 초기 시간을 골든타임이라고 한다. 회사 내에서의 사고도 발생 초기에 즉각 대응해 중대재해로의 진행을 막을 수 있는 골든타임이 있을 것이다. 이 골든타임을 지키기 위한 훈련이 바로 체험형 비상대응 훈련이다.

## 비상샤워시설 실전훈련

현장에서 유해약품이 비산되어 신체에 묻는 등 긴급상황 발생에 대비한 훈련이다. 현장 근무 사원들이 실제로 직면할 수 있는 위험에 대한 경계심 및 올바른 대처능력을 기르기 위한 것으로 이론교육에서 탈피해 실제 체험 중심의 훈련을 함으로써 교육 효과를 올리도록 하고 있다.

현장에서 약품에 노출되었을 경우 약품의 종류에 따라 처치 방법이 다르지만 모든 약품에 대해 일차적으로 물을 이용하여 씻어내는 조치를 해야 하는데, 이를 위해 구비된 시설들이 잘 작동되는지 실제로 사용해 보는 것이 중요하다. 따라서 분기당 1회씩 실제와 똑같이 꾸민 교육장에서 옷을 입은 채 샤워를 하는 실습 훈련을 실시한다. 이렇게 실제로 체험함으로써 만일의 사태가 발생했을 때 당황하지 않고 신속하게 대응 가능한 경험 지식이 쌓이게 되는 것이다.

말로만 하는 교육이나 자료로만 배우는 이론은 실제 행동과 다를 수 있다. 그래서 실전과 같은 훈련이 필요하다.

이런 훈련시설은 외부에도 있는데 한겨울에도 얼지 않고 작동되도록 한파 대책을 보강하였고, 비상샤워시설 이상 유무에 대한 정기적인 점검과 지속적인 훈련<sub>비상샤워 훈련 : 안구세척, 전신 샤워 등</sub>을 통해서 몸에 익숙해지도록 하고 있다.

---

클린룸 내 비상샤워시설(총 25대 운영)

비상샤워시설 실습(약품 안구세척 훈련 모습)

## 비상상황 대처 훈련

안전관리가 우수한 대부분의 회사가 그렇겠지만 비상상황 발생 시 신속하게 대처하고 2차 사고를 예방하기 위해 모의훈련을 한다. 연 2회씩 팀<sub>부문</sub>별 자체 모의훈련을 실시하고 있는데, 전사 차원의 훈련이 아닌 팀별 훈련으로 실시하는 것은 각 팀의 특수성을 반영해 특성화된 대비 체계를 구축하기 위한 것이다.

당사의 경우 일상적인 작업 현장도 있지만 방진복을 착용하고

에어샤워를 한 후 들어가는 클린룸이 많고 임직원의 80% 이상이 클린룸 내 현장에서 일한다고 해도 과언이 아니다. 현장 내 정전사고, 약품사고 등 현장별 특성과 사고유형에 따라 대피 방법도 달라야 한다.

과거에는 정전이 발생하면 현장 내 방송이 안되고 조명까지 꺼져 작업자들이 대피하기 어려웠다. 이 문제는 현장 방송 전용선을 설치하고 어두운 곳에 자체발광 화살표를 부착해 개선했다. 또 약품 사고 시 신속히 대피할 수 있는 비상문도 설치했다.

## 비상상황 대처 모의훈련 프로세스

공정별 제1, 제2 대피로 지정 → 비상시 행동 절차 → 대피로 위치 확인 숙지 교육 → 행동절차 가시화(책상, 전화기) → 주기적 반복 훈련 실시 / 구역별 빠른 대피로 동선 훈련

■ ■ ■ 구역별 빠른 대피로 색상표기

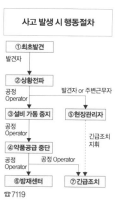

사고 시 외부로 대피한 후에는 현장에 복귀하기 위한 프로세스도 별도로 만들어 운영하고 있는데, 특히 정전 시에는 자동 배기가 안돼 그대로 입실할 경우 작업자에 대한 호흡기 2차 피해가 발생할 수 있다. 따라서 모의훈련에서도 입실 전에 반드시 공정별 가스 측정을 진행하여 실전에서도 운영될 수 있도록 하고 있다.

# 안전의식 수준평가

열심히 안전활동을 하고 있지만 우리의 안전활동 수준은 얼마나 될까? 또 우리는 올바른 방향으로 잘하고 있는 것일까? 부족한 것은 무엇일까? 스스로 이런 질문을 해보는 이유는 그 답을 알아야 보완 도 개선도 가능하기 때문이다.

그래서 시작한 것이 안전의식에 대한 설문조사이다. 초기에는 자체적으로 진행하다 보니 그리 전문적이지 못해 신뢰도가 낮았지만 보다 정확한 정보를 얻기 위해 전문기관의 컨설팅을 받으면서 현재 우리 회사만의 안전의식 설문조사 시스템이 만들어졌다.

주요 조사 내용은 안전에 대한 의식 현황과 점검, 사업장의 안전 수준, 활동 이행수준 등이다. 매년 설문조사 결과를 지수화해 비교 분석하고 있는데 점수의 높고 낮음보다는 활동의 효과가 있는지와 그 결과를 다음 활동 계획에 반영하는 것을 중요시한다.

안전은 품질과 달라서 점수가 그리 중요하지는 않다. 아무리 활

## 안전의식 수준 설문조사

**목적**  임직원의 안전의식 수준을 분석하여 안전의식 향상을 위한 개선과제 도출

**주기**  연 1회

**대상**  전 사원

**내용**  안전의식 현황, 안전의식 점검, 안전활동 이행 수준, 안전의식 수준

**절차**  공지 → 설문 진행 → 결과분석 → 교육 및 개선계획 반영

[설문 20항목]

Part 1. 근로자 안전의식 수준 설문(5항목)

Part 2. 근로자 안전활동에 대한 중요도 설문(5항목)

Part 3. 안전활동 이행 수준 설문(7항목)

Part 4. 특별안전활동을 통한 안전의식 수준 설문(3항목)

## 설문 결과 분석

**목적**  안전의식에 대한 취약 포인트를 찾고 차년도 개선과제 도출

**설문**  안전활동에 대해 임직원들의 안전의식 수준 평가

**대책**  설문조사 결과를 토대로 문제점 파악과 차년도 안전의식 향상대책(개선과제) 수립

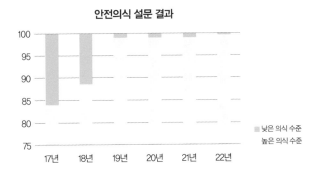

안전의식 설문 결과

동 점수가 개선되어도 오늘 입사한 사원이 안전사고를 내면 사고 사업장이 되기 때문이다. 안전은 늘 100 아니면 0이다. 이런 점이 품질관리와 다르다. 품질에서는 투입 후 양품율이 100%가 아니더라도 불량을 제외한 양품을 출하하면 된다. 하지만 안전은 100% 확률이 되어야 하기 때문에 품질관리보다 더욱 어렵다. 그래서 무사고 확률 100%의 사업장을 지향하며 꾸준히 문제를 찾고 개선하는 활동을 지속적이고 반복적으로 해야 하는 것이다.

당사에서 하는 것이 무조건 최선이라 생각하지도 않고, 또 모든 회사에 적용될 수 있는 것도 아니다. 다만 사고가 발생하지 않도록 현재의 문제를 보다 크게 보기 위해 각 회사에 맞는 문제를 찾는 방법이 필요할 것이다. 당사의 경우는 2015년부터 연 1회 설문을 통해 활동의 문제점을 찾고 다음 활동 계획에 반영하도록 하고 있다.

## 안전의 사주경계는
## 아무리 강조하고 강화해도 지나치지 않다

안전은 확률 100%가 되어야 한다. 품질은 100개 중 99개가 양품이면 양품률이 99%로 우수하다고 평가하지만 0.001%의 빈틈만 있어도 안되는 것이 안전이다.

# 특별 안전활동

특별 안전활동을 전개하면서 가장 먼저 실시한 것은
개인 안전다짐 활동이었다. 내용은 전 사원 개개인이
자신의 안전활동 실천에 대한 다짐과 실천할 사항들을 요약해
게시하는 것으로, 자신은 물론 다른 사람들도 볼 수 있도록
공개함으로써 상시 안전활동에 대한 의지를 다지도록 했다.

# 01

# 주요 재해사례

안전에 대해 자만했던 시기가 있었다. 2013년에 현장에서 손가락 협착 사고가 발생한 뒤로 대책을 마련하고 교육을 하면서 5년이 넘도록 안전사고가 발생하지 않자, 나름대로 안전한 사업장이라고 자부했었다.

그러다가 2018년에 4조3교대제를 도입하면서 신입사원이 대거 입사했다. 이런 변화에 대비해 보다 철저히 안전교육을 실시했지만 그 결과는 예상 밖이었다. 입사한지 한 달이 안된 사원이 계단에서 발목을 삐는가 하면 SR Ink용 지그Jig를 들고 이동하다 이마를 찢기고, 통근버스 추돌사고 발생 시 안전벨트 미착용으로 다치는 일이 한 해에 연달아 발생하면서 사내 안전 시스템과 프로세스를 심각하게 재점검하지 않을 수 없었다.

'안전에 관해서 지금까지 별탈이 없었으니까 앞으로도 잘될 거라 기대하고, 과거보다 많은 부분이 개선되었고 현재 잘하고 있으니까 앞으로는 괜찮겠지'하는 생각에 빠져 있었던 것이다. 결국 이러한 안전의식 결여로 사고가 발생하였다. 현재의 안전이 미래의 안전을 담보하지 못한다는 것을 알고 있었으나 자만했던 것이라고 생각한다.

안전은 과거의 실적과 통계가 미래를 만들어 주는 것이 아니라 미래를 만들어 주는 것은 안전의식이고 어떤 경우에도 사고가 일어나지 않도록 해야 한다. 절대 안전의식 제고만이 사고를 예방할 수 있는 것이다.

안전은 확률 100%가 되어야 한다. 품질은 100개 중 99개가 양품이면 양품률이 99%로 우수하다고 평가하지만 0.001%의 빈틈만 있어도 안되는 것이 안전이다. 임직원 1,000명 중에서 1명이 사고를 당한다고 가정해보라. 그 기업은 재해 발생 기업이 되고 만다. 제품 품질과 안전 문제는 본질적으로 다르다. 어떠한 경우라도 사고 확률은 0%가 되어야 한다.

이 안전율 100%, 사고율 0%를 위한 최선의 방책은 안전의식의 제고다. 안전 시스템과 프로세스 구축만으로 이 목표를 달성할 수는 없다. 끊임없이 목표를 향한 교육과 훈련을 열심히 실행하되 인센티브와 페널티 부여를 통해 늘 안전의식을 각성시키는 활동을 현재 진행형으로 부단히 지속할 때만이 안전도 그에 화답해 확보될 것이다.

그리고 당사가 전개하고 있는 안전활동으로 인해서 안전사고가 발생하지 않는 회사가 된 것이 아니다. 오히려 지금의 조직과 시스템, 프로세스를 갖추고 활동하기까지 발생해 왔던 사고들을 은폐하지 않고 적극적으로 오픈함으로써, 해당 사고를 올바르게 분석하고 재발 방지를 도모하는 과정을 통해 오늘날 안전사고가 발생하지 않는 회사가 된 것이다.

회사의 책임자로서 안전에 대한 인식을 바꾸게 된 몇 가지 실제 안전사고 사례와 대처방법을 소개하고자 한다. 이를 통해 이 책을 읽는 독자들에게도 안전 인식에 대한 통찰을 얻는 기회가 되길 바란다.

## 스템코 재해 관련 용어

독자의 이해를 돕고자 당사에서 사용하는 재해 관련 용어에 대해서도 설명하고자 한다.
당사는 재해 용어를 크게 재해, 경미재해, 실체험 아차사고, 가상 아차사고 등으로 구분하고 있으며, 일부는 재해의 경중에 따라 2~3종류로 구분해서 관리하고 있다.

### 재해(災害)

① 중대재해 : 사망, 생사에 관련된 재해
　(의사로부터 생명에 지장이 없다는 진단을 받지 못한 경우로 동시에 3명 이상의 휴업 발생 재해, 손목/발목의 이상 상실 재해, 한쪽 눈 이상 실명 재해)
② 휴업재해 : 재해 익일 또는 그 이후 치료, 요양(휴양하면서 치료하는 경우)을 목적으로 휴업한 재해. 등급 재해(치유된 후에도 영구 장애가 남는 경우) 등에서 중대재해 제외
③ 불휴업재해 : 휴업 없이 의료기관에서 3회 이상 통원치료가 필요한 재해. 환부 봉합, 골절, 염좌(인대가 늘어나거나 찢어진 상태)로 지속 치료는 요하지 않으나, 근무 변경 또는 작업 변경이 필요한 경우

### 경미재해(극히 경미한 재해)

문제가 발생하였으나 노동재해에 해당하지는 않는 경우로 경미한 타박이나 염좌로 뼈에 이상은 없으며 치료도 불필요한 상태. 의사의 응급처방만으로 지속적 치료 없이 근무하기에 지장이 없는 경우

### 실체험 아차사고(Near Miss)

① 중대 아차사고 : 실제로 발생한 아차사고 중 자칫 잘못하면 중대재해가 될 우려가 있는 경우
② 아차사고 : 실제로 발생한 아차사고로 중대 아차사고 이외인 경우
※ 아차사고(니어미스)란 작업 중 작업자 자신 또는 동료의 불안전한 행동이나 설비, 기계의 불안전한 상태로 인해 위험한 상황이 일어났거나 일어날 수 있는 경우를 말한다. 예를 들어 선반 위의 중량물이 어떠한 이유로 인해 본인의 이동 중 실제 낙하하여 직접 재해를 당하지는 않았지만 아찔한 상황이 벌어진 경우

### 가상 아차사고(Near Miss)

실제로 발생하지 않았으나 작업 현장이나 사무실 등에서 발생 가능성이 있는 재해를 구체적으로 나타낸 것. 예를 들어 선반 위에 있던 중량물이 실제로 낙하되지는 않았지만 낙하될 수 있는 위험한 상황인 경우

안전경영
실천 GUIDE

## 폐액반출 시 염소가스 유입사고

필자에게 2015년 3월 9일은 영원히 잊지 못할 날이다. 그동안 나름대로 안전에 대해서 누구보다 열의를 가지고 또 그에 맞는 실적을 쌓아왔다고 자부했었고 현장의 약품 냄새와 눈에 보이는 불안전한 요소들을 개선하는 등 현장 곳곳에 숨어 있던 위험인자들을 찾아내 개선했다며 만족했었다.

그런데 2015년 그날, 약품 사용 후 폐액을 사외로 처리하는 과정에서 화학반응으로 탱크로리 차량에서 염소가스가 발생했고, 이 염소가스가 흡기구<sub>클린룸 현장에 공기를 여과해서 들여보내는 장치</sub>를 통해 현장으로 유입되어 사원들이 대피하는 소동이 벌어졌다.

그때 일부 염소가스를 맡은 사원이 있어 희망자는 전원 병원 진단을 받도록 했는데 이 과정에서 언론에 알려지게 되었다. 이후 관계기관의 조사를 받는 등 회사 업무가 마비되어 회사의 성장 동력에 제동이 걸릴 정도로 힘든 시간을 보냈다. 이후 사고 원인을 찾아내고 대책을 마련하면서 안전사고가 발생하면 회사가 어떤 상황에 놓이게 되는지를 뼈저리게 느끼게 되었다. 이 경험으로 약품 취급 시 위험에 대해 새롭게 눈뜨는 계기가 되었다.

이 사고의 여러 원인 중의 하나는 폐액을 처리하는 일이 정기적으로 이루어지고 있었음에도 불구하고 암묵지로 경험에 의해 진행되는 일을 형식지화 하여 제대로 지도서나 절차서를 만들어 운용하지 않았다는 점과 비정상 작업 시 확인과 지시가 철저하지 못한 점이었다.

이 사고 이후 유사작업을 포함하여 안전작업표준을 마련하고 비정상 작업을 하기 전에 작업 프로세스를 점검하는 내부 위원회를 운영하도록 했다. 아울러 전 사원을 대상으로 화학물질 취급 관련 교육을 실시하고 비상연락 체계와 공조시스템 운영 기준도 재수립 했다. 문제가 된 공조기 흡입구 구조를 합리적으로 변경하고 폐액을 처리하기 전에 반드시 비상 부스 내에서 배기가 작동하는 상태에서 폐액을 반출하도록 했다.

당시 사고를 유발하여 사회적으로 문제가 되었으나 문제 발생 시의 초동 조치과정작업자의 피난 및 병원검진 등은 지금 생각해도 올바른 조치라고 생각할 정도로 작업자를 우선시하는 결정을 내렸다고 생각한다. 회사는 이 사고를 계기로 안전에 대한 약품 취급의 중요성을 새롭게 인식하게 되었으며 회사 내에서 사용하는 약품에 대한 상호 화학반응을 전부 조사해서 보관 시부터 구분하여 관리하고 있다.

과거 현장 사원의 손가락 협착 사고 발생 이후 내부를 대폭 재정비 하면서 다시 안전한 사업장으로 거듭났다고 생각할 즈음에 발생한 사고로 과거가 안전했다고 미래의 안전이 지속적으로 담보되지 않는다는 것을 다시 느끼게 되면서 안전에 관한 시스템과 프로세스의 부족한 기능 보완과 의식 제고를 위한 반복교육을 강화하게 되었다. 그렇다. 한 때의 안전이 영원한 안전을 담보하지는 못한다. 현장은 늘 불안전한 상태에 있을 수밖에 없고 안전을 유지하기 위해서는 안전에 대한 의식이 떨어지지 않도록 지속적으로 제고해 가야 한다. 그리고 이에 병행해 시스템과 프로세스를 잘 구축해 안전 업무와 활동의 효율을 높여야 한다. 또 이러한 일들은 현재는 물론 앞으로도 후배들에게 전달하고 교육해야 한다.

▶ 시사점 : 비정상 작업 전에 위험성평가와 안전작업표준서를 제정 및 개정해야 한다.

| 사고현장 검증 | 사고원인 분석 | 공조기흡입구 변경 | 비상부스 설치 |
|---|---|---|---|

| 안전사고 | Why1 | Why2 | Why3 | Why4 | Why5 |
|---|---|---|---|---|---|
| 탱크로리 내부에 Gas가 발생되어 유출 | 탱크로리 내부에서 화학반응이 일어나 가스 발생 | 작업자는 2가지 약품을 처리할때 혼압에 의한 화학반응 사실을 모름 | 작업자의 위험의식 결여 | 작업자의 약품 혼합에 대한 교육이 부족했음 | |
| | | 약품을 폐수 처리하도록 되어 있으나 작업자는 이 사실을 모름 | 책임자가 회의 결정 내용을 담당자에게 전달하지 않음 | 작업계획서, 처리방법 등 작성 및 공유가 안됨 | 비정상 작업 프로세스(표준)가 없어 작업자가 임의 작업 |
| 가스가 클린룸에 유입 | 이상 시 공조기가 자동으로 정지하는 시스템이 없음 | 클린룸 내에 가스가 유입될 가능성을 예상하지 못함 | 공조기 덕트 공사 시 리스크 판정 실시 기준이 없음 | | |
| | 안전관리자가 작업원의 대피 우선으로 공조 정지가 안됨 | 이상 발생 시 공조기 정지에 대한 기준이 없음 | | | |

화가가 그림을 그릴 때 원하는 결과를 만들어 내기 위해서는 초기의 밑그림이 중요하듯 안전도 회사의 특성에 맞는 조직과 시스템, 프로세스, 교육 등 기본 바탕을 잘 닦아 놓아야 앞으로도 활발한 업무 전개가 가능하다.

## 설비점검 중 화학약품 비산

2017년 공장동 클린룸 내 에칭 공정에서 약품 배관 연결부가 파손되어 산성 약액이 작업자의 얼굴에 비산하는 사고가 발생했다. 당시 작업자는 설비가 가동 중인 상태에서 누액 확인 점검을 하고 있었는데, 약품 이송 배관에 있는 부품을 잘못 건드려 연결부가 파손되면서 황산 혼합 약품10% 이내이 비산한 것이었다.

얼굴에 비산한 약액이 묻은 작업자는 즉시 현장 내 비상샤워시설로 달려가 물로 얼굴을 세정하는 응급조치를 하고, 의무실에서 식염수로 2차 세정을 했다. 이후 병원으로 이송되었고, 진단 결과 다행히 이상증상은 발견되지 않았다. 이 사고의 원인을 분석한 결과 첫째 원인은 설비 점검과 수리 작업의 안전기준이 모호한 점과 작업자의 위험감수성의 부족으로 파악되었다. 작업자는 설비 가동 중 설비의 이상유무에 대해 모니터링 하도록 되어 있으나 일상적인 단순점검이라 판단하고, 설비가 가동 중임에도 보호구를 착용하지 않은 채 점검을 진행했었다. 두 번째 원인으로는 배관 구조가 복잡하여 육안 확인이 어려워 직접 손으로 만져가며 호스나 배관의 이상유무를 확인해야 하는 점이었다.

▶ 시사점 : 일상 작업(점검)에서도 발생할 수 있기에 보호구 착용을 생활화 해야 한다.

| 사고현장 검증 | 사고원인 분석 | 점검용 카메라 도입 | 점검 복장(보안경 등) |
| --- | --- | --- | --- |

피팅부 Crack

| 안전사고 | Why1 | Why2 | Why3 | Why4 | Why5 |
| --- | --- | --- | --- | --- | --- |
|  | 약품이 얼굴에 묻음 | 보호구를 착용 하지 않음 | 점검에 대한 보호구 착용기준이 불명확 |  |  |
|  |  |  | 개별 휴대 방법이 없어 현장사무실에 보관 | 보호구 휴대 방법 기준이 없음 |  |
| 피팅을 만지는 순간 약품이 얼굴에 비산 |  | 압력이 있는 상태에서 손으로 접촉하여 비산 | 설비가 가동중인 상태에서 작업 | 설비가동 상태에 대한 기준이 불명확 | 비정상 작업의 인식이 부족 |
|  | 피팅이 파손됨 | 사전에 미점검 함 | 피팅에 대한 점검 기준이 없음 |  |  |
|  |  | 피팅을 강하게 조립 | 조립하는 기준이 없음 |  |  |
|  | 손으로 접촉 | 약품의 위험성을 인지 하지못함 | 보전담당자의 약품 특성화 교육 부족 |  |  |
|  |  | 손으로 점검하는 것이 용이하다는 인식 | 누액 확인 점검 기준이 없음 |  |  |
|  |  | 확인할 수 있는 전용 도구가 없음 |  |  |  |

회사에서는 사고의 재발 방지를 위해 작업 기준과 절차를 세분화하고 작업자는 설비가동의 모니터링만 하도록 명시하고 안전작업 표준서에 다시 반영하는 대책을 수립했으며, 아울러 점검 전용 카메라를 도입하고 눈에 보이지 않는 곳은 거울 등을 설치하여 근접 또는 접촉식에서 비접촉식 모니터링이 되도록 했으며, 약품이 비산되어도 작업자에게 닿지 않도록 약품 비산 방지용 덮개를 유사설비 모두에 설치했다.

또한 전 사원을 대상으로 안전고동 결의대회 개최, 화학물질 취급 특별 안전교육 실시 등을 통해 안전의식 제고에 나섰으며, 특별 안전활동으로 약품 취급지역 점검, 비상대응 훈련 실시, 작업 안전 모니터링 등 3개월 동안 집중관리 대책을 진행했다. 하나의 사고가 발생해도 전체의 안전에 대한 의식을 끌어 올린다는 의미로 특별 안전활동 기간을 설정하여 운영하는 것이 당사의 기본 룰이다.

## 현장 계단 이동 시 발목 염좌

2018년 입사한지 한달이 안된 신입사원이 설비에서 내려오는 마지막 계단3단에서 발목을 삐었다는 보고를 받았다. 당사에서는 사고가 발생하면 시간에 구애 받지않고 사내 신고 전용번호인 7119를 통해 즉시 보고 체계가 작동한다. 필자는 곧바로 현장에 가서 사고가 발생한 곳을 확인하고 사고를 당한 사원을 보자고 했다.

사고는 현장 순찰 중 계단3단에서 바닥으로 착지하던 중 발목을 접질려 일어났다. 직접 원인은 방진화 폭이 커서 발이 헐렁거렸고 손으로 난간을 잡지 않은데 있었던 것으로 파악되었다. 또 본질 원인은 계단을 오르내릴 때 사고 가능성에 대한 피재자 본인의 위험감수성이 부족한 점과 현장 상태를 고려하지 않은 관리자의 안전관리의식 부족 등으로 분석되었다.

필자는 이러한 개선 활동을 벌이는 것과 별개로 보다 근본적인 원인을 찾기 위해 다친 사원을 불러 발의 상태를 꼼꼼히 살피며 다른 문제점은 없는지 확인했다. 그 결과 발을 접질리게 된 1차 원인은 신발이 발에 잘 맞지 않은데 있었으나 문제는 해당 사원의 발에 맞는 신발이 없다는 점이었다.

해당 사원의 발은 가늘고 길었다. 그런데 당사에서 제공하는 안전화는 일정한 사이즈별로만 구분되어 있어서 이런 형태의 발을 가진 사원에게는 잘 맞지 않았다는 점이 도출되었다. 방진화를 생산하고 공급하는 업체는 사람마다 다른 발 형태에 맞출 수 있을 만큼 다양성 면에서 많이 부족했다. 우선 임시로 신발 깔창을 깔도록 했고 새로운 신발 공급업체를 찾아 다양한 발 형태에 맞는 안전화를 공급받기로 했다. 또 신발 위에 벨크로 밴드를 추가해 발이 신발 안에서 놀지 않도록 단단하게 고정되도록 했다.

우리가 느껴야 하는 것은 이것이 큰 사고가 아니라고 문제를 너무 가볍게 보면 안 된다는 것이다. 작은 문제라도 본질을 따져 보면

▶ 시사점 : 신입사원의 안전은 상사(관리자)가 책임진다는 생각을 가지고 관리해야 한다.

| 사고현장 검증 | 사고원인 분석 | 난간 설치 확대 | 벨크로 타입 교체 |
|---|---|---|---|

| 안전사고 | Why1 | Why2 | Why3 | Why4 | Why5 |
|---|---|---|---|---|---|
| 계단을 오르내리는 동안 발목 접질림에 의한 염좌 발생 | | 신발의 사이즈 폭이 느슨해도 별로 문제 없다고 인식했음 | 평소 신발이 느슨해도 부상 등이 없었기때문에 문제 없다고 생각함 | 발목 접질림 가능성에 대한 안전의식 부족(본인) | |
| | 안전화 폭 방향이 느슨했음 - 길이 : 맞음 - 폭 : 안 맞음 | 사이즈가 맞지 않을 경우의 대응방법을 특별히 고려하지 않음 | 사이즈가 맞지 않는 경우에도 발목의 접질림 가능성이 없다고 봄 | 발목 접질림 가능성에 대한 안전의식 부족(관리자 측) | |
| | | 안전화의 가로 폭이 아무에게나 맞는 것은 아니었음 | 안전화의 가로폭은 신발 앞부분을 기준으로 메이커별로 대체로 정해져 있음 | 안전화 선정 시 인식 부족 (관리자 측) | |
| | 일반적인 법령, 사내의 기준으로 문제가 없다고 생각했음 | 계단의 크기가 기준 내에 있으면 특별히 주지할 필요가 없다고 생각함 | 신입사원에게 특별히 주지할 필요가 없다고 생각 함 | 베테랑과 신입사원의 의식 차이 | |
| | | | 계단 이동 시 발목 부상 등에 대한 교육이 부족했음 | 이동할 때 주위에 신경이 쓰여 발밑에 집중이 떨어질 가능성을 고려 못함 | 위험감수성 부족 (관리자 측) |
| | 발밑에 집중하지 않고 계단을 내려가며 다리를 접질림 | 신입사원으로 주위의 상황이 신경쓰여 발밑에 집중하지 않고 계단을 내려 감 | 발밑에 집중하지 않고 계단을 내려가면 발목이 다칠 수 있다는 생각을 하지 않음 | 위험감수성 부족 | |

개선해야 할 것들이 새로 발견된다. 이렇게 근본 대책을 마련해야 보다 지속적인 안전을 확보할 수 있다. 근본 대책이 아니면 유사한 사고가 다시 발생하는 악순환에 빠진다. 겉으로 드러난 현상에만 초점을 맞추고 문제의 핵심을 보지 못하는 임시방편적인 대책은 반드시 같은 사고를 불러온다.

## 실내화에 의한 발목 골절

이렇게 현장에서의 안전화로 인한 사고와 달리 사무직들의 실내화는 남사원은 슬리퍼, 여사원의 실내화는 뒷굽이 높은 형태의 것을 신고 일을 하고 있었다. 하루는 측정실의 여사원이 일을 마치고 관리부서에 서류를 제출하기 위하여 가던 중 폴짝거리며 뛰어 가다 착지 시에 발가락을 접질리는 사고가 발생되었다.

당시 관리자는 면담 시에 사고를 일으킨 본인의 과실이라고 하였고 단순하게 발가락을 접질린 건으로 큰 사고가 아니라고 생각했는지 대수롭지 않게 여사원의 부주의라고 보고했다.

하지만 당사에서는 모든 사고에 대해 보고 프로세스에 따라 5Why 분석을 하고 있는데, 이 단계에서 실내화 자체의 구조적 위험성을 인지하게 되었다. 이를 계기로 사고 리스크를 줄이고 유사재해가 재발하지 않도록 지위고하, 남녀를 불문하고 전사원의 실내화를 변경하기로 결정했다.

▶ 시사점 : 일상생활 중에서도 개인의 불안전한 행동이 사고를 불러올 수 있으며 아무리 사소한 사고라도 크게 인식하고 근본을 분석하여 재발이 되지 않도록 하는 것이 중요하다.

| 사고현장 검증 | 사고원인 분석 | 재발방지 교육 | 실내화 교체 |
|---|---|---|---|

4.5cm

| 안전사고 | Why1 | Why2 | Why3 | Why4 | Why5 |
|---|---|---|---|---|---|
| 보행 중 접질림에 의한 전도로 발목 골절 | 실내화가 바닥에 안정적으로 접지 되지 않아 발목이 접질림 | 굽이 높은 실내화를 신고 있었음 | 회사에서 공통으로 4.5cm 굽의 실내화를 일괄적으로 지급 | 여성용 실내화 선정에 안정성에 대한 검토 부족 | 회사에서 지급되는 일상물품에 대한 선정 및 사용/운영에 대한 안전기준이 없음 |
| | | 발이 실내화에서 미끄러지듯 옆으로 돌아감 | 실내화에 뒤꿈치를 잡아주는 기능이 없음 | | 선정 담당자 및 사용부서 관리자의 위험감수성 부족 |
| | | | 개인 체형에 맞는 실내화 미지급 | | |
| | 보행 시 뛰어오르는 듯한 동작을 하며 발을 다침 (불안전한 행동) | 보행 중 안전 준수사항 미준수 | 사고에 대한 경각심, 긴장감 부족 등 전반적인 안전의식이 저하 | 정기 교육 및 안전활동이 부족 | |
| | | 보행 시 불안전행동 및 안전사고에 대해 부주의 | | 관리자의 위험예지 활동과 교육부족 | 관리자의 위험감수성이 부족 |

안전경영
실천 GUIDE

# 유리도구에 의한 손가락 절창切創

2022년 약품분석 공정에서 유리재질의 피펫으로 작업 중 유리피펫이 부러져서 손가락 찔림 사고가 발생했다. 사고의 현상과 원인을 조사한 결과 앞서 발생한 것과 같이 위험감수성과 감행성의 부족은 물론 손가락 안전을 담보하기 위해서 절창장갑이 준비되어 있음에도 불구하고 작업자는 불편하다는 이유로 절창장갑을 사용하지 않았고 안전작업표준서 개정도 되어 있지 않았다.

이 사고를 계기로 해당 공정을 특별 안전 중점관리 대상으로 정하고 '안전한 공정 만들기 활동'을 실시하였고 더욱 안전한 공정을 만들고자 지속적으로 노력했다.

첫째, 안전보호장비, 절창장갑 사용을 포함 안전작업표준 개정과 교육을 했다.

둘째, 특별 안전점검으로 불안전한 상태와 작업에 대한 개선과제를 발굴했다.

셋째, 마이크로 피펫으로 교체하여 유리피펫을 없앴다.

넷째, 유리재질의 비이커에서 플라스틱 재질로 95% 교체하였다. 나머지 5% 고열분석용 비이커는 강화유리 재질로 교체하여 깨짐을 방지했다.

▶ 시사점 : 일상적인 단순 반복 작업도 언제든 사고를 일으킬 수 있다.

| 사고현장 검증 | 사고원인 분석 | 마이크로 피펫 변경 | 재질 변경(플라스틱) |
|---|---|---|---|

유리재질 전수조사 후
플라스틱 재질 변경

| 안전사고 | Why1 | Why2 | Why3 | Why4 | Why5 |
|---|---|---|---|---|---|
| 우측중지 절창 | 피펫이 파손됨 | 피펫 재질이 유리로 되어있음 | 유리 피펫의 위험성을 인지하지 못함 | 필러와 피펫 체결이 60회/Time 작업으로 일상작업이어서 위험성이 없다고 판단 | 유리피펫 작업은 통상적으로 작업하는 안전한 작업으로 인식해 보다 안전한 피펫의 존재 유무 확인을 하지 않음 |
| | | | | 주변 관계사, 협력사도 유리피펫을 사용하고 있음 | |
| | | 피펫의 세척이 필요해 필러와 피펫을 체결, 분리하는 방식을 사용함 | | | |
| | | 잘못된 체결 각도와 먼거리 파지 함 | 피펫과 필러 연결과 분리를 반복하는 치·공구로 정확한 파지법 등의 기준이 없음 | 피펫에 대한 관리자 및 작업자의 위험감수성이 부족했음 | |
| | 절창장갑을 미착용 | 액분석실에 절창장갑을 보유하지 않음 | 안전표준과 교육 없음 | 가위나 칼 작업 시 유사재해 교육만 받고 유리재질에 대한 위험성 교육은 받지 못함 | |
| | | | 절창장갑 사용기준 없음 | 체결 시에 절창장갑이 필요하다는 생각을 하지 못함 | |

# 02

# 특별 안전활동

## 특별 안전활동의 필요성

당사는 생산 제품의 특성상 화학약품을 많이 사용하는 회사이다 보니 이로 인한 사고 위험이 늘 잠재해 있다. 필자는 공장장, 대표이사로 재직하는 동안 이와 관련된 크고 작은 사고를 겪으면서 이러한 사고들을 근본적으로 예방해 무재해 사업장을 만들 수 있는 방안이 무엇일까? 많은 고민을 하며 해결책 마련을 위해 다각도로 노력했다. 그리하여 동종업계는 물론 모든 기업과 비교해서도 모범적인 안전관리 시스템과 프로세스를 구축했다고 자부해 왔다.

그럼에도 2018년 들어서 이제 유사한 사고는 재발하지 않겠지 했던 예상을 깨고 3건의 사고가 연이어 발생했다. 역시 안전에는 100% 완전무결이란 없는 것인가? 안전사업장을 꿈꿔왔던 필자에게 있어 꽤 큰 충격으로 다가왔다. 필자는 지난 사고들에 대한 세밀한 분석을 바탕으로 안전 시스템과 프로세스, 실천 방법에 대해 새로운 시각으로 꼼꼼히 점검해 숨어있는 문제점을 찾아서 개선해 더욱 단단하고 안전한 회사를 만들어 가야 한다고 생각했다. 그리하여 2018년 10월부터 2019년 9월까지 1년간 집중적인 전사 특별 안전활동을 전개하기로 했다.

특별 안전활동을 추진하면서 가장 염두에 두었던 점은 전 사원의 안전의식 강화였다. 지난 사고들의 원인을 파악해 본 결과 유사한 사고가 재발하는 근본원인은 시스템적인 문제보다는 사고 당사자와 현장 사원들의 안전의식 부족에 있었다. 안전 교육과 훈련, 캠페인, 홍보, 모니터링 등 안전의식 강화를 위한 제도와 활동들을 다양하게 펼치고 있음에도 불구하고 사고, 특히 유사사고가 재발하는 이유는 무엇보다 사원 한 사람 한 사람의 평소 안전의식이 철저하지 않기 때문이라는 결론에 이르렀다.

'일일신우일신日日新又日新'이란 말이 있다. 중국의 사서四書 중 하나인 대학大學에서 전하는 내용을 보면 고대국가 상商나라를 세운 탕왕湯王이 이 문구를 대야에 새겨두고 매일 세수할 때마다 마음을 가다듬었다고 한다. 큰일을 이루겠다는 초심初心을 잃지 않기 위해 '나날이 새로 다짐하고 또 다짐하며 한결같이 나아간다'는 뜻으로 새길 수 있다.

기업 경영인들은 이 격언을 자신의 경영철학으로 삼거나 경영혁신을 추진할 때 임직원들의 의식 변화를 고취하기 위한 경구警句로 사용하곤 한다. 필자는 이 경구警句가 비단 경영혁신뿐 아니라 안전의식을 고취하기 위한 격언으로도 적절하다고 생각한다. 안전에 대해 매일매일, 더 나아가 일하는 매 순간마다 마음을 가다듬지 않으면 안 된다. 그렇지 않으면 언제라도 숨어 있던 사고인자들로부터 위협을 받게 된다. 안전에 대해서는 일일신우일신日日新又日新 해야 하지 않을까?

누구나 새해, 새 달을 맞으며 그리고 새로운 한 주를 시작하며 계획한 일을 성실히 실천하겠다고 다짐한다. 하지만 이 다짐을 처음부터 끝까지 잘 지키기란 쉽지 않다. 에빙하우스의 망각곡선이 있듯이 그래서 작심삼일作心三日이란 말이 생겼는지도 모르겠다. 계획을 작심삼일로 끝내게 되는 이유는 사람마다 다르겠지만 가장 큰 공통점은 실천의지의 차이에 있다고 생각하는데, 실천의지를 뒷받침하는 것이 반복학습이다. 노력에 따라 작심삼일이 아니라 작심한달이 될 수 있고 작심일년作心一年이 될 수도 있다.

특별 안전활동은 작심삼일에 그치는 우리의 느슨한 안전의식을 적어도 작심일년 이상이 되도록 다잡기 위한 고육책이지만 이러한 활동이야말로 안전한 회사를 만들고 유지하기 위한 중요한 활동이라고 생각한다. 특별 안전활동을 통해 사원 한 사람 한 사람이 작심일년을 지켜나가기 위해 안전에 대한 인식을 일일신우일신日日新又日新 한다면 숨어 있는 위험인자들이 고개를 들지 못할 것이다. 또 이렇게 전 사원이 부단히 안전의식을 제고하는 바탕 위에서 시스템을 보완하고 개선해 나간다면 보다 항구적인 안전이 담보될 것이라고 믿는다.

## 특별 안전활동 방침

2018년 사고의 근본원인은 '안전 최우선 의식 부족', 위험 요인을 찾는 능력인 '위험감수성 부족', 상사의 부하 안전관리에 대한 '책임의식 부족', 사원 상호간 '의사소통 미흡' 등을 꼽을 수 있었다.

회사 규모가 커지고 인력이 늘어나는 과정에서 당사의 인적 구성도 크게 바뀌었다. 2017년 기준으로 근속 1년 이내의 신입사원이 차지하는 비율은 16%였던 것이 2019년 이르면 51%까지 증가하여 안전교육과 의식 변화를 위한 새로운 정책을 필요로 했다.

이에 전원이 참가해 안전활동의 주체가 되며, 자신의 의견을 충분히 개진하도록 하고, 정해진 룰은 반드시 지키도록 한다는 기본방침을 정하고 세부적인 과제와 활동 방침을 수립해 추진해 나갔다.

---

**특별 안전활동 방침**

1. 안전활동에 전원 참여시키고 한 사람 한 사람이 안전활동의 주체라는 사실을 인지시켜 안전의식을 향상시킨다.
2. 단순한 지시/전달이 아닌 사원이 의견을 충분히 낼 수 있는 토의를 실시한다.
3. 불안전 행동에 대한 페널티제를 도입해 반드시 행동으로 연결하고 지키는 습관·풍토를 조성한다.

---

**첫 번째 활동 과제는 '10대 안전 기본 룰 준수'로 정했다.**

2018년 통근버스가 앞차를 충돌해 발생한 사고의 재해 상황을 보면 탑승자 19명 중 4명이 안전벨트를 착용하지 않고 있었으며, 이

중 2명이 병원에 입원했고 3~5일의 휴업을 해야 하는 부상을 입었다. 이들 중 1명은 입사 3일, 한 명은 입사 4년차 사원이었다. 그리고 병원 입원까지는 하지 않았지만 발목에 경미한 타박상을 입은 또 다른 한 명도 입사 3개월의 신입사원이었다.

버스에 탑승하면 안전벨트를 착용해야 하는 것이 일반 상식임에도 병원에 입원한 사원들은 안전벨트 착용이라는 룰을 지키지 않아 재해를 입었다. 규정을 알고 있음에도 이를 지키지 않은 그들의 안일한 안전의식과 함께 이를 사전에 방지하지 못한 관리자의 책임의식 결여가 이 사고의 본질 원인이라고 할 수 있다. 따라서 전 사원을 대상으로 통근버스 탑승 시는 물론 자가차량 운전 시에도 반드시 안전벨트를 착용하도록 하는 특별 안전교육을 실시하고 이를 지키지 않는 불안전 행동에 대해서는 페널티제를 도입해 반드시 안전행동을 생활화하는 풍토를 조성하기로 했다.

**두 번째 활동 과제는 안전의식 고취였다.**

전 사원이 참여하는 소집단 안전활동을 통해 전사적 안전의식 고취 활동을 추진했지만 그 운영이 소극적인 단계에 머물러 있었다. 즉 사원 간 안전의식의 차이로 인해 소집단 안전활동이 대표자 중심으로 다분히 형식적으로 흐르고 있었고 안전활동은 안전사무국, 안전담당자가 맡으면 된다는 의식이 강했다. 따라서 소집단 안전활동 도입 취지를 살리기 위해 전 사원이 안전활동 주체라는 자각을 촉진하기로 했다. 한편 사원 개개인이 자신의 작업에 대한 안전 리스크 파악이 부족한 것도 문제였다. 이 문제를 개선하기 위해 각 작업과 관련된 모니터링을 실시해 위험요소나 장소 등을 추출해 공유하기로 했다. 특히 현장 경험이 적은 신입사원의 경우는 작업일보를 작성해 상사가 직접 교육하도록 했다.

안전교육도 수동적인 강의 중심에서 수강자도 발언할 수 있는 양방향 형식으로 바꾸기로 했다. 일방적인 강의 중심일 때는 수강 집중도가 떨어지거나 진지하게 듣지 않는 사원이 많았다. 이를 수강자의 질문이나 의견 개진이 가능하도록 하여 수강 집중도 향상을 통한 교육 효과 증진을 도모하였으며 교육 후에는 교육 내용의 이해도를 측정하기 위해 테스트를 실시하기도 했다.

**세 번째 활동 과제는 상사 및 선배 사원의 책임의식 제고였다.**

부하의 안전은 상사의 책임이라는 자각이 부족해 정보 지시가 말단사원까지 제대로 전달되지 못하고 안전에 관한 지시나 전달사항이 일방적이어서 현장 작업자의 의견 수렴이 잘 이뤄지지 않는 실정이었다. 이 문제점들을 개선하기 위해 관리자들이 자신의 안전활동에 관한 생각과 행동, 목표, 책임을 문서화한 후에 부서 및 부하의 안전은 자신이 책임진다는 의식과 행동을 지속적으로 리마인드 Remind 시키기로 했다. 아울러 작업 전 KY<sub>Kiken : 위험, Yochi : 예지</sub> 철저, 토의 철저 등도 생활화하기로 했다.

**네 번째 활동 과제는 사원 간 커뮤니케이션의 활성화였다.**

차량 탑승 시 안전벨트 착용, 회사 내 보행 시 교차로에서의 지적 확인, 계단 이용 시 난간잡기 등 안전행동 룰을 지키지 않는 사원을 보고도 이를 지적하는 문화가 부족했다. 이 문제를 개선하기 위해 사원들 간에 불안전 행동을 발견하면 적극 지적해주는 운동을 벌이고 룰을 잘 지키기 위한 토의 문화를 정착시켜 나가기로 했다.

**마지막으로 신입사원에 대한 안전관리와 교육을 강화했다.**

현장에 입사 1년 이내의 신입사원 비율이 증가함에 따라 입사 교육과 정기 안전교육을 더욱 강화하면서 그들의 안전행동 레벨을 확인하고 철저히 파악하여 관리해 나가기로 했다.

## 추진 프로세스

### ❶ 개인 안전다짐

특별 안전활동을 전개하면서 가장 먼저 실시한 것은 개인 안전다짐 활동이었다. 전 사원 개개인이 자신의 안전활동 실천에 대한 다짐과 실천할 사항들을 요약해 자리 주변에 가시화하는 것으로, 자신은 물론 다른 사람들도 볼 수 있도록 공개함으로써 상시 안전활동에 대한 의지를 다지도록 했다. 주간 근무자는 개인 책상 앞 PC 모니터 위에 안전다짐문구를 부착하고 교대 근무자는 탈의실 개인

사물함 외에 클린룸 입구 게시판에 부착하도록 하여 그 내용을 다른 동료들과 공유할 수 있게 했다.

## ❷ 안전관리 체제 재구축

첫째, 전사 안전조직을 재구축했다. 전사 안전 추진 주체의 등급을 기존의 파트에서 그룹으로 변경하고 임원 직할 조직으로 격상했다. 둘째, 안전 목표관리 비율을 강화했다. 목표관리 작성 시 안전 업무의 비율을 재검토해 기존 10%에서 20%<sub>직접사원 10%</sub>로 상향하고 관리자의 경우 중대 아차사고 발생 시 건당 5점, 불휴업 발생 시 건당 10점, 휴업재해 발생 시 건당 15점의 안전점수 감점제를 도입했다.

셋째, 재해 발생 시 페널티제를 도입했다. 재해가 발생할 경우 직속 관리자의 차년도 연봉을 감액하기로 했으며 불안전한 행동 적발 시 벌점 제도를 도입했다. 벌점의 경우 20점에 도달하면 상사에게 통지하고 30점에 도달하면 인사위원회를 열어 징계하기로 했다. 다만 20점 미만 시 최종 위반일로부터 1년이 경과하거나 안전과 관련된 특별 공로를 인정받으면 벌점이 소멸되도록 했다.

| 불안전한 행동 적발 시 벌점 부여 기준 |
| --- |
| • 사내 : 계단 난간잡기 미실시, 보행 중 휴대폰 사용 등 → 2~5점 |
| • 현장 : 보호구 미착용, 중량물 작업기준 위반 등 → 5~10점 |
| • 사외 : 안전벨트 착용 위반, 운전 중 휴대폰 사용 등 → 10점 |

넷째, 안전활동 시상제도를 강화했다. 안전활동 우수자, 안전분임조 표창, 안전표어 표창, 안전 개선 제안상 등 기존의 안전활동 우수자에 대한 보상을 강화해 특별 안전활동 기간 중 복수 표창을 실시하는 등 동기를 부여했다.

다섯째, 신입사원의 안전 팔로우업을 확대했다. 2018년 6월부터 증가하고 있는 신입사원 교육에 대해 관리자가 매일 작업 후 팔로우 하는 과정을 추가함으로써 상호 안전의식 제고를 꾀했다. 또한 입사 6개월 이내 신입사원을 대상으로 현장에서 한눈에 식별할 수 있는 주황색 방진모를 착용하도록 하여 신입사원에 대한 식별이 쉽도록 했다.

여섯째, 안전의식 교육을 강화했다. 신입사원·오퍼레이터의 안전 교육 체계를 재검토해 강화했다. 매일 활동일보를 작성하도록 하고 활동에 대해 팀장, 그룹장으로부터 적절한 피드백을 받도록 함으로써 상하 사원 간에 상호 안전의식을 향상시키게 했다.

안전 기본교육의 경우, 매일 안전교육 시 5대 안전수칙, 교통사고 11대 주의사항 등 기본 행동에 관해 시업 전 반복 제창하도록 했다. 특히 신입사원은 조장이 안전 면담을 통해 팔로우 하도록 했다.

보호구 착용 교육, 비상시 연락 교육, 교통사고 예방 교육 등 정기 교육도 주 1회 하고, 약품 비산 시 대응훈련, 비상샤워시설 사용법 등도 교육 빈도를 3개월로 단축 운영하여 단기간에 안전의식이 향상되도록 했다.

## ❸ 커뮤니케이션 활성화

첫째, 계층별 간담회를 확대했다. 계층별 및 관리직과 부서원 간의 토의<sub>안전간담회</sub>에서는 '안전의식을 향상시키기 위해 무엇을 해야 할까?'라는 주제로 특별한 설정을 두지 않고 자유토론 방식으로 진행해 다양한 실천 방안에 대한 의견을 교환했다. 활동기간 동안 총 148회를 진행했다.

둘째, 소집단 안전활동을 강화했다. 총 94개조가 1회/2주로 운영하였고, '나의 직장에서 가장 큰 위험은 무엇인가?', '담당 업무의 위험성 도출' 등 구체적인 테마를 정해 논의하는 방식으로 활동을 진행했다. 이를 통해 구성원들 간에 횡전개가 이뤄지면서 안전의식 향상, 커뮤니케이션 강화 등의 효과를 거뒀다. 이 활동에 있어 교대근무자의 절반이 신입사원이어서 논의에 익숙하지 않은데 안전 담당 간부가 멘토로 참가해 논의를 도왔다.

한편 소집단 안전활동의 대표적인 활동으로 자리 잡은 안전분임조 활동은 동영상 촬영을 통해 본인의 작업 과정을 재검토하고 이 과정에서 드러난 문제점을 개선하기 위해 새로운 작업 도구나 작업 방법 등을 제안하는 것으로 현장의 위험요소 제고에 기여했다.

또한 특별 안전활동 기간 중 교대조 반장들, 베테랑 사원 중심으로 편성됐던 기존의 팀에 신입사원들을 참가시켜 안전의식 수준 향상을 도모했다.

이를 통해 신입사원들도 자신의 활동을 보고할 기회를 얻게 되었다. 이로써 신입사원들은 자신의 안전의식 제고는 물론 타 부문의 사례를 공유하고 배울 수 있게 되었다.

셋째, 기본 안전수칙 준수 캠페인을 확대했다. 기존 안전사무국 중심으로 실시해 온 캠페인을 전체 부서로 확대 실시했다. 특히 안전 기본수칙 미준수자모니터링 적발자도 참가시켜 전 사원 참가율이 거의 100%에 달했다. 실시 빈도는 특별 안전활동 기간 중 주 3회, 출근 및 점심시간에 실시해 총 250회에 걸쳐 전사적으로 추진되었고, 이후 횡단보도 지적 확인, 난간잡기 실시율이 눈에 띄게 향상되었다.

### ❹ 안전 작업표준 재정립

내부 안전점검을 강화교차 점검의 도입했다. 기존 부서 중심으로 실시하고 있던 안전작업표준에 대한 실사를 타 부서와 교차해 실시함으로써 다른 사람의 비판적인 시점은 받아들이고 좋은 부분은 수평 전개하는 분위기가 촉진되었다.

연구소장이 제조그룹의 약품 작업, 원단 슬릿slit 작업 등을 점검하고, 품질혁신팀장이 연구소의 Strip Punch 공정, SMT 공정을 점검하며, 제조팀장이 검사그룹의 슬릿 공정, O/S 검사 공정을 공장지원팀장이 제조그룹의 약품 운반 및 취급 방법을 서로 교차해 점검하는 방식이었다.

특별 안전활동 기간 동안 분기별 1회 교차 점검이 실시되었으며, 지적에 따른 안전작업표준서 점검 및 보강 개수는 제조팀 171개, 품질혁신팀 56개, 공장지원팀 193개에 달하며 시행 효과가 큰 것으로 평가되었다.

### ❺ 위험감수성 향상 활동1인칭 시점의 KY : 위험예지 **강화**

재해 분석 결과 관리자 및 신입사원의 위험감수성 부족이 사고 발생의 큰 원인으로 드러남에 따라 위험감수성 향상을 위한 안전활동을 지속할 필요가 있었다. 주요 활동 내용으로는 관련 사진을 활용한 대책 도출, 전 사원 참여 유도와 활동 우수자 포상, 반복 집중 실시 등으로 각 상황에 대한 다양한 위험 포인트 및 안전 대책 도출 연습을 통해 위험감수성 향상을 도모했다.

| 주요 진행 내용 |
| --- |
| • 위험한 행동/상태가 담긴 사진을 보고 위험요소 및 안전 대책 도출 |
| • 일반행동/일반환경/작업행동/작업환경/기본안전수칙 관련 위험사진 활용 |
| • 사내 전산망을 활용한 전 사원 참여 및 활동 우수자 포상 |
| • 사무국에서 도출한 자료(정답) 공유를 통해 위험감수성 수준 향상 |
| • 반기에 1회 실시하던 것을 2개월에 1회로 실시 주기를 줄여 반복 활동 |

### ❻ 유사재해 발생 방지대책 회의 강화

기존의 유사재해 박멸 활동(접수 → 사무국 분석 → 전사 게시/교육)의 효과가 미미하다고 판단하여 그룹사의 안전재해를 분석해 유사재해 방지 효과를 높이고자 했다. 실시 방법은 '재해 접수 → 부서 안전담당자 미팅관계 부서 할당 → 유사재해 발생 방지 회의키워드 분석, 현재 대

<sup>책 점검</sup> → 개선, 게시, 교육' 순으로 이뤄졌다. 이와 같이 사무국이 아닌 담당부서에서 보다 전문적으로 재해 원인을 분석함으로써 유사재해 예방 효과를 기대하게 되었다.

## 지속적인 사후관리

### ❶ 안전의식 수준 지속 평가

특별 안전활동을 진행하며 그동안 진행해 온 활동으로 안전의식 수준이 어떻게 변화했는지 알아보고자 1차 검증을 실시했다. 검증은 전 사원을 대상으로 '안전상의 주의 숙지, 안전 점검의 실시, 안전상의 주의준수, 주변 정리정돈' 등 4개 항목에 대한 설문조사 방식으로 실시되었다.

설문조사 결과 4개 항목 평균이 98.5%<sub>설문 참가율 91.5%</sub>를 나타내 안전의식의 중요성을 인식하는 수준이 높아진 것으로 나타났다. 특히 안전의식 중요도에 대한 대답에서는 99.1%<sub>참가율 96.7%</sub>를 기록했다.

한편 상세 분석에서는 장기근속자일수록 안전의식이 높아지는 것으로 나타났으나, 어떠한 연도도 100%는 아니어서 안전의식 제고 활동을 지속적으로 벌여나가기로 했다.

### ❷ 특별 안전활동 지속 추진

전사적 안전의식 개혁을 목적으로 추진한 6개월 간의 특별 안전활동 결과, 안전의식 설문조사와 사내 분위기를 통해 효과가 크다는 사실을 확인했다.

특히 설문조사 결과 장기근속자일수록 안전의식 수준이 높다는 사실이 확인되는 등 입사 후 근속연수와 안전의식의 상관관계가 밝혀진 것은 중요한 시사점이었다. 따라서 신입사원의 비율이 지속적으로 증가하는 추세에 대응해 신입사원이 참여하는 소집단 안전활동을 더욱 강화해 나가기로 했다.

아울러 특별 안전활동 가운데 신입사원과 관련된 교육과 피드백도 지속적으로 강화해 나가기로 했다.

### ❸ 신입사원 안전교육 강화

2018년 771명이던 임직원은 1년 만인 2018년 1,012명, 2019년 1,172명으로 지속 증가하였다. 이중 입사 1년 이내의 신입사원은 2018년 1월 85명에서 2019년 366명으로 급증했고, 2019년 477명으로 정점을 찍은 후 300명대를 유지하였다. 이와 같은 임직원 증가와 신입사원 비율 증가 추세에 발맞춰 안전교육을 보다 철저히 진행해 나가기로 했다.

### ❹ 안전의식 재고취 행사 실시

신입사원 증가 추세에 따른 전사적 안전의식 재고취의 일환으로 특별 안전활동 취지와 내용을 설명하고, 안전나무 열매 달기, CEO

**안전나무 열매 달기 행사**

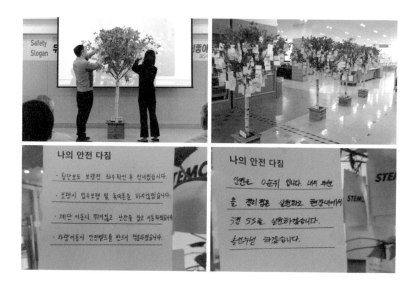

강평 등으로 꾸며진 행사를 실시했다.

이 행사에서 발생한 재해에 대한 정보를 재공유함으로써 임직원들의 안전의식을 거듭 일깨우고 신입사원들에게 과거 재해와 특별 안전활동의 중요성을 인식하도록 했다.

# 안전이 그날의 생산 실적이 되는 안전문화 정착되길

지금까지 이 글 곳곳에서 필자가 왜 '안전 최우선' 주의자가 되었는지에 대해 체험 사례를 들어가며 설명했습니다. 기업 경영에서 안전이 왜 그토록 중요한지 그리고 그 안전을 지키기 위해 안전관리 시스템을 어떻게 구축했으며, 이를 하나의 기업문화로 정착시키기 위해 어떤 노력을 해왔는지에 대해 소개했습니다.

한 회사의 '안전경영 백서'라고도 할 수 있는 이 책의 내용을 정리하는 가운데 저는 가외加外의 큰 수확을 얻었습니다. 우리의 시스템을 하나하나 되짚어보는 기회가 되는 동시에 안전의 소중함과 기업 안전관리의 중요성을 더욱 깊이 새기는 계기가 되었으며 그 소중한 것을 지키는 일이 얼마나 뜻 깊은 일인가에 대해서도 다시 한 번 깨닫게 된 것입니다.

돌이켜 보면 많은 종류의 약품을 사용하는 당사에 부임한 이래 한 순간도 머릿속에서 떠나지 않았던 화두가 안전이었다고 생각합니다. 임직원과 회사의 안전을 담보할 시스템을 어떻게 꾸릴 것인가? 그리고 어떻게 하면 안전을 지속적으로 지켜 나갈 수 있을까? 지난 10여 년의 재임 기간은 이 질문들을 던지고 답하는 과정이었다고 해도 과언이 아니라고 생각합니다.

안전은 신의 선물도 아니고 우연히 주어지는 것도 아닌 인간인 우리 스스로가 만드는 것입니다. 우리 삶의 큰 울타리인 자연 환경을 비롯해 우리가 더 행복해지고자 건설한 문명 세계는 발전할수록 아이러니하게도 날로 증가하는 불안 요소들로 그 행복을 도리어 위협하고 있습니다. 이러한 가운데 인간은 살아남기 위해, 행복해지기 위해 '안전安全'이라는 뜻을 세워 그 불안 요소들과 맞서고 있습니다. 그래서 안전이란 말에는 인간 존중의 휴머니즘 사상이 담겨 있다고 생각합니다.

Chapter1안전경영에서 언급했듯이 많은 사람들의 삶의 터전이 되고 있는 기업이 안전에 취약하다면 임직원들은 불안할 것이고 자연히 사기가 떨어질 것입니다. 큰 사고라도 발생한다면 이는 기업의 성장 동력을 잃게 됨은 물론 유무형의 손실까지 겹쳐 경영을 악화시킬 것이며 무엇보다 기업 존립의 기반인 사회적 신뢰를 떨어뜨려 지속성장에 큰 장애가 될 것입니다. 결과적으로 우리 사회 생존의 터전이 위협받게 되는 것입니다. 따라서 기업의 안전은 그 기업을 이루는 모든 구성 요소들이 안정되게 작동하도록 하는 토대가 됩니다. 기업은 인간의 윤택하고 행복한 삶을 위해 존재하기 때문에 기업이 안전경영을 하는 것은 인간 존중의 가치를 실현하는 일이라고 생각합니다.

아직도 우리 산업현장에서 각종 재해로 생명을 잃는 근로자가 매년 2,000명을 넘고 산업재해 신청 건수도 매년 2만 건을 넘고 있습니다. 산재를 줄이기 위한 정부의 막대한 투자와 관련 법규 강화에도 불구하고 이런 현실이 쉽게 개선되지 않는 이유는 무엇일까? 산업구조가 갈수록 고도화, 다양화되고 이에 따라 사회현상 또한 더욱 복잡해지는 현실에서 사고 발생의 빈도가 증가하는 것은 필연적이어야 할까?

여기서 다시 한 번 생각하게 됩니다. 산업현장의 사고를 줄이기 위한 국가의 노력이 빛을 발하려면 산업 일선의 기업들도 그에 발맞춰 필요한 안전 시스템을 갖추고 스스로 안전을 지키려고 노력해야 한다는 것입니다. 안전은 남이 지켜주는 것이 아니라 자기 스스로 지키기 위해 만드는 것으로 변화하는 현실과 업에 맞는 안전 시스템을 적극 도입하고 그 활동과 정보를 전 구성원이 공유해야 합니다. 그리고 최고경영자의 안전에 대한 의지와 모든 임직원의 안전의식이 어우러질 때 그 회사는 안전한 일터가 될 수 있고, 궁극적으로 '안전경영'은 하나의 기업 문화가 될 것입니다.

그러기 위해서 안전 따로, 생산 따로가 아닌 안전이 담보되는 기술개발과 작업조건 설정을 선행해야 함은 물론, 기업 내에서도 안전하게 행동한 결과가 그날의 생산실적으로 이어지는 것이라고 빠르게 개념 전환을 해야 합니다. 그런데 과거의 개념이 오랫동안 체질화

되어있어 새로운 개념을 반영하여 기업 경영 활동을 하는 것이 쉽지만은 않겠지만 당사가 운용하는 안전조직과 시스템, 프로세스를 참고한다면 안전한 기업을 만들어갈 수 있을 것입니다.

이 책을 읽으시는 독자들이 여기서 소개하는 내용을 충분히 이해하고 도입하여 융합해 간다면 안전이 담보되어 임직원이 행복하고, 지속 성장하는 기업이 될 것입니다. 또한, 궁극적으로 이 책을 통해 기업의 사회적 책임을 다하는 안전문화 정착에 도움이 된다면 출간의 작은 보람을 느낄 것입니다.